Elogios para ¿Có...

«¿Cómo llego a fin de mes? transform... ...zas [...] Pude salir de deudas personales y emp... ...asi dos millones de dólares».

—Percy Buck, México

«El libro *¿Cómo llego a fin de mes?* me ayudó a administrar las finanzas de mi hogar, salir de deudas y practicar el hábito de ahorrar para no necesitar pedir prestado».

—Jenny Cossio, Bolivia

«¿Cómo llegó a fin de mes? representó un antes y un después en la manera en que hemos manejado nuestras finanzas. Cambió de forma radical nuestro modo de pensar y tomar decisiones. Este libro nos ha llevado como matrimonio a través de un proceso de paz, sanidad y prosperidad en todas las áreas de nuestra vida».

—Said y Daine Terán, México

«Andrés es un líder de clase mundial [...] Los líderes alrededor del mundo lo siguen por su integridad y su habilidad personal para llevar a las personas a lugares donde nunca han estado antes».

—Dave Rae
Expresidente Apple, Inc. Canadá
Vicepresidente, Apple, Inc.

«Cultura Financiera y su fundador, el Dr. Andrés Panasiuk, nos enseñan no solo a manejar las finanzas personales, sino también a vivir. Las ideas que tienes en tus manos te cambiarán la vida».

—Gerardo Amarilla
Expresidente, Cámara de Diputados
República Oriental del Uruguay

«Andrés es uno de los mejores maestros que conozco del mundo en el tema de las finanzas personales».

—Ezrra Orozco
Exviceministro de Economía
República de Guatemala

«Andrés Panasiuk enseña ideas transformadoras en el tema de la alfabetización financiera. Nos enseña a abrazar la libertad, amar el orden, practicar la gratificación diferida y ahorrar con regularidad. Sus conceptos te llevarán por el camino de la Prosperidad Integral. Recomiendo este libro de todo corazón».

—Ricardo Arias
Expresidente
Fondo Nacional del Ahorro
Colombia

«El Dr. Andrés Panasiuk es un pionero en el mundo de la alfabetización financiera en todo el continente. Él es un líder latinoamericano con un mensaje actual y relevante para todos los países del mundo».

—Jorge A. Friade
Secretario Ejecutivo de la Coalición Latinoamericana de Gobierno & Fe
República Oriental del Uruguay

Andrés Panasiuk

¿Cómo llego a fin de mes?

Un plan práctico hacia la prosperidad integral

EDICIÓN ACTUALIZADA Y AMPLIADA
DEL 25 ANIVERSARIO

GRUPO NELSON
Desde 1798
gruponelson.com

¿Cómo llego a fin de mes? Edición 25 Aniversario
© 2006, 2023 por Andrés Panasiuk

Publicado en Nashville, Tennessee, Estados Unidos de América.
Grupo Nelson es una marca registrada de Thomas Nelson. www.gruponelson.com
Thomas Nelson es una marca registrada de HarperCollins Christian Publishing, Inc.

Este título también está disponible en formato electrónico.

Edición: *Nahúm Sáez*
Diseño interior: *www.produccioneditorial.com*

ISBN: 978-0-84071-030-7
eBook: 978-0-84071-052-9
Audio: 978-0-84071-058-1

Número de control de la Biblioteca del Congreso:
LCCN 2022022614 (print) | LCCN 2022022615 (ebook) |
Subjects: LCSH: Finance, Personal.
Classification: LCC HG179 .P1889 2022 (print) | LCC HG179 (ebook) |
DDC 332.024--dc23/eng/20220523
LC record available at https://lccn.loc.gov/2022022614
LC eBook record available at https://lccn.loc.gov/2022022615

Impreso en Estados Unidos de América
23 24 25 26 27 LBC 6 5 4 3 2

A Rochelle,
el amor de mi vida,
con quien desde hace años vengo
compartiendo la desafiante aventura
de «llegar a fin de mes»…

Andrés.

Contenido

ANEXO
Plan de control de gastos

Introducción
A LA PRESENTE EDICIÓN

Un libro es como un bebé. Cuando nace, tienes muchos sueños en el corazón. Sin embargo, en realidad, uno no tiene la más mínima idea de lo que ese hijo o hija llegarán a ser algún día, ni del impacto que harán en la sociedad. Es así como me siento con este fenómeno: *¿Cómo llego a fin de mes?*

Cuando escribí la primera edición de este libro, nunca imaginé el alcance que tendría alrededor del mundo. El mensaje de sanidad financiera y prosperidad integral, que originalmente fue escrito para familias del continente latinoamericano, hoy es usado para tocar las vidas de millones de personas en múltiples idiomas en casi todos los continentes.

Estamos agradecidos con los ministerios de educación de aquellos países que han incorporado las enseñanzas de este libro al pénsum de sus escuelas. Damos gracias a las universidades que han hecho lo mismo con sus estudiantes. Agradecemos por la vida de nuestros amigos y socios organizacionales alrededor del mundo que han invertido tiempo, esfuerzo y recursos económicos para traducir, imprimir y distribuir esta valiosa obra.

Esta versión, sin embargo, es aún mejor que las anteriores. Ahora contamos con veinticinco años de experiencia no solamente enseñando el contenido del libro, sino también con miles de horas de mentoría financiera a nivel personal y organizacional que han enriquecido y profundizado nuestro entendimiento sobre el tema.

Veinticinco años después, la tecnología ha cambiado y las dinámicas sociales han evolucionado. Las opciones económicas han crecido y las leyes financieras, para bien o para mal, también se han homologado con el resto del orbe. Vivimos en un mundo más pequeño y mucho más alineado en el ámbito financiero, lo que hace nuestra tarea más sencilla en lo que tiene que ver con el *hacer* del dinero.

En cuanto al tema del *ser,* tanto en lo personal como en lo organizacional, hemos profundizado y enriquecido nuestro entendimiento del impacto de los Principios «P». Hemos sido testigos de su influencia en nuestras vidas. Hemos descubierto que hay muchos más que siete, algunos de los cuales te presentaré a lo largo de esta nueva edición.

Las historias son verdaderas, aunque hemos cambiado los nombres de las personas (y, a veces, algunos detalles) para proteger su identidad. Las recomendaciones son sólidas y han sido probadas en la vida real en el transcurso de los decenios. Créeme. Hazme caso y te irá bien.

Si ya has leído el libro, te agradezco por darme el honor de compartir estas ideas contigo y por tu disposición a difundirlas entre los amigos y parientes de tu círculo de influencia.

Si esta es la primera vez que lo lees, te invito a que encuentres un lugar cómodo, agarres lápiz y papel y, con humildad te ruego, me des la oportunidad de compartir como un buen amigo estas ideas que transformaron radicalmente mi vida personal y nuestra vida familiar hace ya tantos años. ¡Que lo disfrutes!

Atlanta, otoño de 2022

Una nota
especial

En esta edición, hemos tratado de incorporar algunas herramientas que puedan enriquecer tu experiencia de la lectura. Por eso, encontrarás tres tipos de «iconos» que hablan de tres clases de tecnologías asociadas al texto.

 Hemos creado una *app* que puedes descargar gratuitamente en tu teléfono. Busca la *app* llamada «Cultura Financiera». Tiene una enorme riqueza de videos, pódcasts, artículos y herramientas para darle seguimiento a las cosas de las que hablaremos en este libro.

 Hemos creado un lugar en internet con videos, blogs, archivos en PDF y en Excel® que puedes usar para poner en práctica el *hacer* del dinero. Simplemente, a fin de acceder a este lugar exclusivo para ti, escribe en tu buscador: *www.andrespanasiuk.com/como llego.*

 Finalmente, si tienes en tu teléfono una *app* que pueda leer códigos QR, entonces podrás ver casi veinte videos que están asociados a los temas que estaremos viendo juntos. Algunos videos son inspiracionales, otros educativos. Todos han sido seleccionados con mucho cuidado para darte la mejor experiencia en la lectura de este libro.

¡Que lo disfrutes!

Primera Parte

El secreto del dinero

Comencemos por el final

Recuerdo haber leído en un sitio web, dedicado a los Juegos Olímpicos, que los antiguos griegos tenían la costumbre de incluir en sus actividades una carrera en la que los competidores llevaban una antorcha en sus manos. Era una carrera de relevos. Para ganar, los corredores no solo debían llegar en primer lugar a la meta, también tenían que llegar con su antorcha encendida.[1]

El concepto de Prosperidad Integral con el que trabajaremos a lo largo de este libro tiene mucho que ver con esa ilustración: no solamente es importante llegar a fin de mes o cumplir con nuestros sueños económicos. También es vital llegar a nuestras metas con el resto de nuestra vida en buenas condiciones.

Después de vivir tantos años entrevistando, desarrollando amistades y aconsejando a personas con muchos y pocos recursos económicos alrededor del mundo, me he dado cuenta de que la mayoría de esa gente actúa como si el camino hacia la prosperidad fuera una carrera de 100 metros llanos. Tratan de alcanzar la mayor cantidad de metas financieras en la menor cantidad de tiempo posible.

Arriesgan tiempo, talentos y tesoros en obtener beneficios económicos que, muchas veces, al final del camino de la vida, no los llevan a disfrutar de una buena experiencia de vida.

Por ejemplo, el caso de mi buen amigo Ricardo. Él era un corredor de bolsa en un país sudamericano. Es una buena persona. Sus conocidos y familiares lo aprecian y, a lo largo de los años, ha ayudado a un sinnúmero de individuos a salir de aprietos económicos. Ricardo solo tenía un problema: la primera vez que nos encontramos debía más de un millón de dólares a inversores que confiaron en él todos los ahorros de sus vidas.

Cuando empezó el proceso de globalización y la bolsa de valores de su país comenzó a subir, usó (sin permiso de los dueños) el dinero que se le había confiado para tratar de hacer algunos negocios que lo llevarían rápidamente a la riqueza. Sin embargo, perdió su negocio, su carrera, su reputación, la confianza de sus amigos, su familia y, al final, su matrimonio.

Por desdicha, la historia de Ricardo, en diferentes versiones y situaciones, se repite una y otra vez a lo largo y ancho del mundo de hoy. En la medida en la que comenzamos este camino juntos con la ayuda de este libro, es importante dejar sentado desde el principio que el camino hacia la Prosperidad Integral no es una carrera olímpica de 100 metros llanos. La verdad es que la ruta más segura hacia la estabilidad financiera personal y familiar es, en realidad, una carrera a campo traviesa (o «cross-country») de 5 kilómetros de largo y, además, ¡con obstáculos!

Los Principios «P»

Otra de las ideas fundamentales que quisiera establecer al comienzo de nuestra jornada es que existen principios que nos guían naturalmente hacia la prosperidad y el bienestar integral.

El famoso escritor inglés C. S. Lewis (autor de *Las Crónicas de Narnia*), habla de este tipo de principios universales y los llama «Principios del Tao».[2]

Yo, en el contexto de la economía y las finanzas personales o empresariales, los llamo «Principios de la Prosperidad» (o Principios «P»). Son principios universales, atemporales (o «eternos»), que van más allá de la cultura que uno tenga, la sociedad en la que uno viva o la religión que uno profese.

Eran verdad hace miles de años allá en Babilonia, Jerusalén o Egipto, y son verdad hoy en Beijin, Moscú, Londres o Nueva York.

En este libro, los «Principios de la Prosperidad» son las estrellas que guían al navegante por el mar de la vida o las luces de la pista que ayudan al piloto a aterrizar su avión sano y salvo en el aeropuerto del destino económico.

Al violarlos (muchas veces sin siquiera saberlo), nos colocamos en el camino equivocado y terminamos la maratón de nuestra vida dándonos cuenta de que —a pesar de haber llegado entre los primeros corredores— lamentablemente el fuego de nuestra antorcha brilla... por su ausencia. Entonces es cuando nos sentimos vacíos, nos sentimos insatisfechos con los logros alcanzados, o nos damos cuenta de que hemos pagado un precio demasiado alto a nivel personal y familiar por el éxito financiero obtenido.

Hemos subido la escalera del éxito solo para percatarnos de que estaba apoyada sobre la pared equivocada. Llegamos al tope del éxito y descubrimos que estamos solos. Pensamos que podríamos volar como las águilas, pero nos sentimos como si ni siquiera nos hubiéramos separado del suelo.

La gente viola estos principios de diferentes maneras.

Por ejemplo, uno de los Principios «P» que violamos más comúnmente es el famoso principio de la verdadera felicidad (también llamado «del contentamiento» o de la «satisfacción personal»), y tengo una historia muy interesante que ilustra este problema.

Hace muchos años, cuando recién comenzaba a enseñar sobre la Prosperidad Integral, estaba dando una serie de conferencias en la frontera entre el norte de México y el sur del estado de Texas, Estados Unidos.

Cuando terminó mi primera conferencia en tierra mexicana, Jorge y María se me acercaron y me confiaron que tenían tensiones en su matrimonio a causa de su situación económica. Me dijeron que sus salarios no les permitían vivir dignamente. Jorge trabajaba de obrero en una compañía de la ciudad y ganaba solamente el equivalente a cinco dólares por día. María también trabajaba y ganaba otro tanto.

Es importante notar que en esos tiempos el salario mínimo, vital y móvil en Estados Unidos era de casi cinco dólares y medio la hora. Entonces, ellos estaban ganando en un día lo que un obrero norteamericano obtenía... ¡en menos de una hora! Fijé una cita con la pareja para reunirnos un par de días después.

El tema me tocó el corazón. Especialmente cuando Jorge me explicó que algunos alimentos costaban tan caros en su pueblo fronterizo que le convenía cruzar al lado estadounidense para hacer sus compras de comida.

Por otro lado, Ignacio y María Rosa también se me acercaron esa misma noche. María Rosa era hija del dueño de una empresa importante en la ciudad que se encontraba al otro lado de la frontera, en tierra de habla inglesa. Ellos eran muy buenas personas, respetados en su ciudad y en su comunidad de fe. Hacían donaciones con regularidad y ayudaban a los demás cuando podían.

Sin embargo, también ellos tenían problemas para controlar su vida económica. Ignacio me confesó que con las entradas que tenían no les era posible vivir dignamente. Cuando pregunté, María

Rosa me contestó que la suma de ambos salarios era de unos diez mil dólares al mes.

Sinceramente, me quise morir. Tuve ganas de agarrar a Ignacio por la solapa de su costosísimo traje y comenzar a sacudirlo... pero me arrepentí. Como conferencista internacional no era apropiado que cometiera un acto de violencia en tierra de un país hermano. Así que preferí no infringir las leyes de la nación azteca y limitarme a fijar una cita para el día siguiente, cuando estaría visitando su ciudad por algunas horas.

Esa noche tuve una revelación que vino de lo alto: «Si Jorge y María recibieran los diez mil dólares mensuales que ganan Ignacio y María Rosa, se convertirían en la pareja más feliz de la tierra... por los próximos tres años. Lo serían, hasta que ellos también se acostumbraran a gastar diez mil dólares por mes y entonces, ¡tampoco les alcanzaría para vivir **dignamente**!».

Las dos parejas, aunque provenían de escenarios económicos diferentes, en realidad confrontaban el mismo problema: tenían dificultad para vivir dentro del nivel económico al cual pertenecía cada uno de ellos. Su situación, como la de otras miles de familias a lo largo y ancho del mundo, prueba una verdad muy cierta: **la diferencia entre llegar a fin de mes y no llegar no se encuentra en la cantidad de dinero que ganamos, sino en la cantidad de dinero que *gastamos*.**

Es por eso que el principio de la verdadera felicidad es tan importante. Este principio «P» nos dice que «**cada uno de nosotros debemos aprender a ser felices dentro del estrato socioeconómico en el cual nos toca vivir**». En el proceso, aprenderemos a no comprar cosas con dinero que no tenemos y descubriremos que «felicidad» es un estado del alma y tiene muy poco que ver con la cantidad de dinero que ganamos o los bienes que hemos acumulado a lo largo de los años.

Con el tiempo me he dado cuenta de que la violación al principio de la felicidad es la raíz más común del problema de las deudas y las presiones financieras que viven nuestras familias y negociantes hoy.

La premisa de este principio es que, con excepción de aquellos que viven en condiciones de extrema pobreza (aproximadamente entre una sexta y una décima parte de la población del mundo), todos los demás hemos recibido lo suficiente como para sustentarnos y proveer para nuestras necesidades básicas.

La diferencia entre el éxito y el fracaso económico se encuentra, primordialmente, en sentirnos satisfechos y felices en cada uno de los estratos socioeconómicos en los que nos toca vivir en determinados momentos de nuestra vida.

Si nos sentimos felices con lo que tenemos, podemos controlar muchos de los impulsos que nos crea la sociedad de consumo para comprar cosas que, en realidad, no necesitamos para ser felices. Finalmente, es importante notar que estamos hablando de una actitud de «contentamiento» y no de «conformismo». Ya aclararemos la diferencia más adelante.

El dinero habla... y dice mucho

Es obvio que la forma en la que gastamos el dinero es la clave que determinará, en algún momento, si llegamos o no a fin de mes. Sin embargo, es importante notar que la manera en la que gastamos el dinero está íntimamente ligada al modo en que tomamos decisiones en la vida. La forma en la que tomamos decisiones en la vida, por otra parte, está íntimamente ligada a nuestra escala de valores. Y, finalmente, esa escala de valores es fruto directo de nuestro carácter.

Como bien lo decía mi mentor, el Dr. Larry Burkett (1939-2003): «La forma en la que manejamos nuestro dinero es una demostración externa de una condición espiritual interna».[3] La manera en la que manejamos nuestra economía habla mucho de lo que somos como personas y de qué es lo que realmente valoramos en la vida.

Por ejemplo, recuerdo hace muchos años haber salido a comprar una estufa (conocida en Sudamérica como «cocina»), en Santa Cruz de la Sierra (Bolivia). El vendedor, muy amablemente, me explicó que tenía dos opciones: adquirirla al contado por 350 dólares o comprarla en diez cuotas iguales de cincuenta y tres dólares cada una.

Un comprador avezado notará inmediatamente que la diferencia entre comprar la cocina al contado y a plazo estaba en el orden de los 180 dólares, el sueldo mensual de una maestra boliviana para esa época. La pregunta es entonces: ¿Cuál es la diferencia entre cambiar la cocina ahora, pagarla en cuotas y terminar sufragando 530 dólares, y colocar en un sobrecito treinta y cinco dólares mensualmente durante diez meses para comprarla al contado más adelante?

La diferencia no está en mi capacidad económica. Los pagos los tendré que hacer mensualmente de todas maneras, sean treinta y cinco dólares a mi propio «sobrecito de ahorro» o cincuenta y tres al negocio donde compré la cocina. La diferencia está en mi carácter.

Para esperar por diez meses antes de poder traer la cocina a casa, necesito tener un fruto muy particular en el árbol de mi carácter personal: el fruto de la paciencia. Además, a fin de tener la suficiente firmeza para colocar todos los meses el dinero en ese sobre y resistir la tentación de gastarme el dinero antes de tiempo, necesito sumarle dominio propio a la paciencia.

Tanto la paciencia como el dominio propio son manifestaciones de un carácter maduro que me permite ir en contra de las presiones naturales de la economía de mercado y disfrutar de una cualidad que se encuentra en un peligroso estado de extinción: la de la «gratificación diferida», esto es, decir «no» a algo el día de hoy para poder decir «sí» a algo mejor mañana.

La gratificación diferida significa saber esperar para tener lo que quiero hasta que llegue el momento apropiado para comprarlo.

Hace muchos años, en la década de 1970, un profesor llamado Walter Mischel realizó un experimento con niños y niñas en las instalaciones de la Universidad Stanford, que se encuentra en el norte del estado de California, Estados Unidos.[4]

 A continuación te comparto un código QR para que veas un divertido video llamado *El test del malvavisco*[5] que replica ese experimento. En este video podrás ver a niños y niñas recibiendo una propuesta inusual: si lo desean, pueden comerse un malvavisco ahora o pueden esperar unos quince minutos y recibir **dos**.

 Si lo deseas, también puedes encontrar un enlace a este video llamado *El test del malvavisco* en la página que hemos creado exclusivamente para enriquecer la experiencia de este libro. Busca este video en www.andrespanasiuk.com/comollego.

Espero que hayas disfrutado el video. Es divertido, ¿no? Ahora viene la parte seria e interesante...

El experimento no solo se hizo en un día, ni duró una semana, ni siquiera un mes. El doctor Mischel siguió a esos jovencitos y jovencitas por el resto de sus vidas y descubrió que los niños que pudieron resistir la tentación de comerse su malvavisco (o un dulce o una galleta) tuvieron un mejor nivel de vida socioeconómico, una mejor puntuación en sus exámenes SAT (los requeridos para entrar en la universidad), un mejor índice de masa corporal y otras medidas de calidad de vida.

La gratificación diferida es una manifestación de un carácter paciente con dominio propio. Eso te puede llevar a acumular dos dulces en tu niñez o a caminar en Prosperidad Integral cuando llegues a tu vida adulta.

Entonces, una vez más, debemos recordar que **la forma en la que manejamos nuestro dinero es una manifestación externa que simplemente refleja la condición de nuestro carácter interno.**

Suponte que estás manejando por la carretera a unos 120 kilómetros por hora y te detiene un policía por exceso de velocidad. Cuando él se acerca, sacas cierta cantidad de dinero para ofrecérsela como un «regalo» de tu familia por no imponerte la infracción de tránsito que te correspondería. Esa decisión (la de sobornar a la autoridad pública con el fin de lograr un beneficio personal) habla de tu carácter. Habla de tus valores personales. Dice que no tienes en alta estima a la ley de tu país y que crees que el fin justifica los medios.

Lo mismo podría deducir uno de una persona que al momento de llenar su declaración de impuestos, repentinamente, sufre un ataque de amnesia selectiva y, como consecuencia, no recuerda cómo ganó el dinero que trajo a su hogar este año o cómo hizo ciertos negocios. Cuando uno tiene dos libros contables (uno blanco y otro negro), cuando uno trae cosas del otro lado de la frontera del país y no paga los impuestos correspondientes, esas decisiones económicas hablan del carácter de una persona, de sus valores. Son el espejo de su corazón.

Primero «ser» y luego «hacer»

Cuando hablamos de llegar a la meta de la Prosperidad Integral debemos comenzar parafraseando a Albert Einstein. Se dice que el famosísimo científico dijo una vez: «Es esencial tener un nuevo tipo de pensamiento para que la humanidad sobreviva y se mueva a niveles más altos».[6]

Si aplicáramos esta frase a nuestra conversación financiera, diríamos *que los problemas económicos que confrontamos hoy no los podremos resolver con el mismo tipo de pensamiento que nos llevaron a tener esos problemas en primera instancia.* La única manera de mejorar nuestra situación económica actual es movernos hacia un nivel de ideas y valores más alto que el que nos llevó al punto en el que nos encontramos hoy.

Eso parece complejo, ¿no? Es probable que sea porque Einstein era científico y alemán. Yo creo que si Einstein hubiese sido mi abuelito, habría dicho: «Aunque la mona se vista de seda, ¡mona se queda!».

Esa es la razón por la que la mayoría de los libros sobre «cómo hacerse rico en cuarenta días» no cumplen con su cometido. Es en vano tratar de manejar un automóvil sin motor o intentar cabalgar un caballo muerto. Uno debe dejar de creer que unos cambios superficiales y cosméticos nos ayudarán a realizar verdaderos y permanentes avances en el área de la prosperidad.

Las damas saben esto muy bien. Todos aquellos que hemos sufrido bajo el rigor de las dietas sabemos que matarnos de hambre para bajar dos o tres kilos en una semana no sirve de mucho. Lo más probable es que los kilos vuelvan a nuestra vida (y a nuestro cuerpo) un par de semanas más tarde.

Para bajar de peso de una vez y para siempre hace falta un cambio más profundo en nuestro estilo de vida. Primero, necesitamos comenzar a hacer algo de ejercicio diario y, luego, empezar a ver la comida y a nosotros mismos en forma diferente. Debemos aprender cuándo y cuánto comer.

Ahora bien, yo no soy un especialista en esa materia, pero mi experiencia personal me ha enseñado que esos cambios nos llevarán a establecer una nueva relación entre los alimentos que ingerimos y nosotros. Al instaurar esa nueva relación, también instituiremos nuevos patrones de selección de alimentos y de cocción (¡patrones cruciales para bajar de peso en nuestros países!).

Una vez que tomamos esas decisiones y establecemos esos nuevos patrones, nuestro cuerpo reaccionará positivamente al cambio y bajaremos de peso para nunca más volver a ganarlo. La razón primordial del éxito no fue haber hecho una dieta. Esta vez hemos logrado controlar nuestro peso por el resto de nuestras vidas porque hemos producido un cambio en nuestro estilo de vida de adentro hacia afuera.

Ese cambio fue el resultado de una transformación filosófica interna seguida por una modificación del comportamiento externo que nos llevó a lograr la meta que teníamos por delante.

La literatura del ser y del hacer

Después de leer a Stephen Covey, en *Los 7 hábitos de la gente altamente efectiva*, me convencí de que el pragmatismo del «cómo hacer...», en nuestros países de habla hispana, es resultado de los últimos cincuenta años de la literatura «del éxito» en los Estados Unidos.[7] De acuerdo a Covey, en los últimos

200 años de literatura norteamericana sobre el tema de cómo alcanzar el éxito en la vida, los primeros 150 (aquellos años formativos del país como una potencia económica mundial) apuntan primordialmente al carácter personal como la fuente de la cual surgirían los elementos necesarios para triunfar. Me gustaría llamarle a esta «la literatura del *ser*».

Esta literatura estaba profundamente influenciada por los antecedentes religiosos que los colonizadores de esas tierras trajeron desde Inglaterra y otros países europeos. En su libro éxito de ventas titulado *La confianza* (*Trust*, en inglés), Francis Fukuyama explica que uno de los grandes secretos para el éxito de la economía estadounidense es el paquete de valores que esos colonizadores trajeron consigo al nuevo mundo.

Parte de este *paquete* incluyó el rechazo al «verticalismo» político europeo, la adopción de una administración «horizontal» del país, y una fuerte creencia sobre el trabajo como una expresión de responsabilidad personal y fidelidad. A eso, venía sumada la convicción de tener que dar cuentas en el cielo por los actos realizados en la tierra (lo que afectó el concepto de la integridad y la honestidad), y una visión de la vida que incluía la existencia más allá de la muerte (lo que llevó a los norteamericanos a tener una visión de las cosas con profundidad en el tiempo).

La literatura del *ser*, según Covey, apunta primordialmente a moldear nuestro carácter. A tocar temas como la integridad, la humildad, la fidelidad, la valentía, el honor, la paciencia, el trabajo industrioso, la modestia y la simplicidad.

Es interesante que sean, justamente, ese tipo de consejos los que escribe a su heredera en sus famosas «Máximas para mi hija» Don José de San Martín, el famoso libertador sudamericano.[8]

Sin embargo, y por otro lado, desde los años 1940 en adelante se nota un incremento considerable de una literatura del éxito más superficial, técnica, orientada a los procesos. El éxito, se nos dice, comienza a depender de la personalidad, de las actitudes, del comportamiento. El énfasis en esta literatura, según Covey, tiene dos áreas fundamentales. Por un lado, se le enseña al lector cómo trabajar con las relaciones interpersonales y, por el otro, se le enseña a tener una «A.M.P.» (Actitud Mental Positiva). Esta es la que yo llamaría «la literatura del *hacer*».

Típicos temas de este tipo de libros podrían ser (y aquí estoy citando títulos imaginarios): «Los cinco pasos para hacer amigos y venderles todo lo que usted quiera», «Los tres secretos para el éxito», «Cómo vestirnos para triunfar», «Lo que su mente puede creer, usted lo puede hacer», y cosas por el estilo.

Este tipo de literatura no es errónea. Al contrario, es de mucha ayuda para estructurarnos mejor y ver los procesos de cambio y mejora desde una perspectiva más fácil de entender e implementar.

Sin embargo, uno no debería olvidar que la literatura del *hacer* llega al público norteamericano después de 150 años de énfasis en la literatura del *ser*. Una construye sobre la otra.

El problema es que, al parecer, con el crecimiento y la expansión de la distribución de libros alrededor del mundo ocurriendo después de la Segunda Guerra Mundial, nuestras sociedades se han olvidado de la literatura que apunta hacia la formación de nuestro carácter para enfatizar primordialmente la que señala a los procesos y técnicas pragmáticas. Eso es normal en nuestro continente: absorbemos todo lo que viene de los países «ricos» sin «filtros ni anestesias».

La literatura del *hacer* nos deja con la sensación de que estamos vacíos, nos enseña a crear una máscara exterior y a aparentar lo que no somos con el fin de obtener los resultados que queremos. Estos procesos no son permanentes, como tampoco lo son sus resultados.

Aquí, entonces, hay otro de estos principios universales que nos llevan a la Prosperidad Integral: cuando hablamos de economía personal, familiar o negocios, **enfocarnos en el ser es mucho más importante que concentrarnos en el** *hacer.*

Eso no quiere decir que el *hacer* no sea importante. ¡Claro que lo es! Es por ello que en la segunda parte de este libro te recomiendo siete cosas que debes hacer para alcanzar el bienestar. Sin embargo, el enfoque principal inicial será generar en ti un cambio de personalidad. Cambiarte interiormente para que ello transforme tu comportamiento. Darte un nuevo *ser* para que impacte tu *hacer.*

Así que prepárate para cambiar.

Principios y valores

Hay una gran diferencia entre los principios y los valores (a pesar de que la gente utiliza ambos términos en forma sinónima). Aunque sé que hay diversas posiciones y enseñanzas con respecto a este tema, permíteme aportar mi «granito de arena» con el objeto de compartir mis ideas y definiciones contigo respecto a lo que creo que son los principios y los valores.

Desde mi punto de vista, los «principios» no pueden ser buenos o malos, correctos o incorrectos. Los principios, a mi modo de ver las cosas, son siempre buenos, son siempre correctos. Una persona simplemente los obedece o los desobedece.

Por ejemplo: existen principios de arquitectura e ingeniería que debemos obedecer para construir un puente. Esos principios han sido los mismos por miles de años, desde que los seres humanos empezamos a edificar puentes alrededor del mundo. Si desobedezco aunque sea uno de ellos, mi puente estará en peligro.

Por otro lado, creo que los valores son aquellas cosas que creemos que son importantes en la vida. Los valores pueden ser buenos o malos.

Por ejemplo, cuando mi familia y yo solíamos servir a la gente de habla hispana en uno de los barrios más violentos de Estados Unidos, nos dábamos cuenta de que los miembros de las pandillas compartían entre sí los mismos valores. Eran valores erróneos, enfermizos, equivocados, pero todos y cada uno de esos pandilleros indiscutiblemente compartían valores que tenían en común.

Los valores son los materiales con los que he de construir el puente. Los principios son las ideas fundamentales que debo obedecer si quiero que perdure. Hay puentes de liana, de madera, de cemento, de hierro y de acero. Es importante elegir los materiales correctos dependiendo de la función que vaya a cumplir el puente.

Sin embargo, cualquiera que sea el material que usemos, si hablamos con ingenieros amigos, ellos nos podrían dar una lista sencilla de principios que todos los puentes deben seguir para funcionar apropiadamente antes de siquiera pensar en los materiales que usaremos.

Supongamos que tengo un amigo en Estados Unidos que se compró una casa nueva hace algunos años. Se llama Carlos. Después de vivir en la vivienda por unos seis meses, comenzó a notar que una de las paredes tenía una grieta. Así que agarró la guía de teléfonos, buscó a un carpintero (hay que recordar que en Estados Unidos las casas están hechas de madera y yeso), y lo contrató para que arreglara la grieta que tenía la pared.

Después de un arduo día de trabajo, el carpintero terminó su labor y le pasó una cuenta tan grande a Carlos que pensó que si se hubiera quedado otro día, ¡le habría tenido que entregar a su primogénito!

Pasaron las semanas y unos tres meses más tarde, Carlos se levantó una mañana para encontrar no solamente que todavía tenía la grieta en la misma pared que acababa de arreglar, sino que ahora tenía a toda la «familia grieta» en su pared: ¡papá Grieta, mamá Grieta y como siete u ocho grietitas en diferentes lugares!

De modo que, entonces, llamó al carpintero que le había hecho el primer arreglo para que viniera a colocarle nuevamente el yeso a la pared dañada. Dos días más tarde, la pared quedó como nueva (esta vez solo le costó un par de vasos de jugo de naranja y algunos emparedados que le ofreció al trabajador mientras reparaba el mal trabajo realizado en primera instancia).

Los días pasaron, se hicieron semanas, y una buena mañana Susana, la esposa de Carlos, se levanta para desayunar y se encuentra de pronto con un ejército de grietas en la misma infame pared. Allí estaba, frente a ella, toda la infantería, caballería y artillería del país de las Rajaduras.

Mis buenos amigos, entonces, sintiéndose defraudados económicamente, decidieron llamar a otro carpintero. Cuando llegó, observó las rajaduras, miró la pared, bajó al sótano de la casa, subió al techo, y les dijo a Carlos y Susana algo que realmente no estaban esperando.

—Yo no los puedo ayudar... —dijo el carpintero.

—¿Quéee? —contestó Carlos—. ¿Cómo que no me puede ayudar? ¿No es usted carpintero? ¿No arregla paredes de yeso?
—Sí —respondió—, soy carpintero y arreglo paredes de yeso. Pero usted no necesita un carpintero. Su problema no son las grietas. Usted tiene un problema en los cimientos de su casa. El terreno se asentó y las columnas se están moviendo. Hasta que no repare las bases de la edificación, usted va a tener grietas en esa pared. Así que lo que usted necesita es un ingeniero.

Esta historia que corre por el mundo de los conferencistas motivacionales y que te la he contado muy «a mi manera», no solo te puede proporcionar una importante lección sobre cómo resolver problemas de construcción, sino que también me ha proporcionado a mí —a través de los años— una buena ilustración sobre cómo resolver problemas económicos.

La mayoría de la gente ve las grietas que tiene en su vida financiera y cree que esos son los problemas que deben resolver. Para eso, entonces, consultan con algún asesor financiero, algún banco o leen algún libro sobre cuáles son las cosas (o pasos) que deben *hacer* para salir del problema.

Sin embargo, en la gran mayoría de los casos, los problemas financieros, en el fondo, no son *problemas*. Los problemas financieros son solamente la consecuencia final de una serie de conflictos más profundos en la vida del individuo. Las dificultades económicas, muchas veces, son resultado de haber violado los Principios «P».

Algunos problemas de fondo pueden ser, por ejemplo, la falta de orden, la poca madurez en el ámbito personal y económico, la violación al «principio del compromiso garantizado» o a la «presunción del futuro», el egoísmo o la violación al «principio de la verdadera felicidad». Estas cosas las aprenderemos un poco más adelante.

A menos que coloquemos fundamentos sólidos e inamovibles en las bases de nuestra vida, nuestra pared financiera continuará mostrando grietas. No importa las veces que creamos haber solucionado el problema con un parche por aquí y otro por allá. Primero debemos cambiar el *ser* para luego maximizar el *hacer*. Es por eso que en este libro no nos enfocaremos en los «valores» que debemos abrazar para ser económicamente exitosos, sino en los «principios» que debemos obedecer.

Recuerdo haber escuchado al doctor Tony Evans, fundador y presidente de Alternativa Urbana, en Dallas, Texas, contar una historia que tiene mucho que ver con este concepto de los paradigmas en la vida. Voy a modificarla para que tenga un sabor iberoamericano.

Cuenta el relato que hace muchos años un grupo de barcos de la Marina de guerra salió a hacer maniobras de combate por varios días. Una noche, con una espesa niebla, uno de los marineros le indicó a su capitán que veía una luz acercarse por la proa.

El capitán, al darse cuenta de que estaban en peligro, le indicó al marinero que hiciera señales con las luces: «Haga una señal a esa barcaza y dígale que estamos a punto de chocar. Aconseje que gire treinta grados».

La respuesta no se hizo esperar: «Aconsejable es que ustedes giren treinta grados».

Entonces el capitán respondió: «Diga lo siguiente, marinero: soy capitán de la Marina de guerra, le ordeno que vire treinta grados».

La respuesta fue inmediata: «Soy marinero de segunda clase. Aconsejo que inmediatamente cambie su curso treinta grados».

Para ese entonces, el capitán estaba absolutamente furioso. Gritando a viva voz le dijo al señalero: «Dígale a ese estúpido: esta es la fragata de guerra Río Grande. Le intimo a que cambie su curso treinta grados».

Vuelve la contestación: «Este es el Faro de San Sebastián».

La fragata de guerra, muy obedientemente entonces, ¡cambió su curso treinta grados!

Los Principios «P» de los que hablaremos en este libro son el Faro de San Sebastián: leyes naturales, eternas, que no cambian a través del tiempo. Podemos hacer lo que queramos con nuestra vida, pero si ignoramos estos principios, no nos sorprenda que un día de estos nos vayamos a pique.

Paradigmas y cambios

Por otro lado, la percepción que tenía —en la historia anterior— el capitán de la fragata de guerra acerca de su mundo circundante determinaba su realidad (dicen por allí que «percepción es realidad»). Esa percepción de la realidad que nos rodea es lo que en algunos círculos de hombres de negocios de hoy se llama «paradigma»: la forma en la que percibimos el mundo y cómo funcionan las cosas que nos rodean. Puede reflejar la realidad o puede, como en el caso del capitán de nuestra historia, engañarnos monstruosamente.

Fue un paradigma equivocado el que produjo el desastre del Titanic en su viaje inaugural («Es imposible que este barco se hunda»), el que llevó a Hitler a atacar a Rusia y perder la Segunda Guerra Mundial, el que produjo el desastre del trasbordador espacial Challenger en 1986, y el que nos llevó al borde del colapso económico mundial en el 2008.

Los paradigmas son poderosos en nuestras vidas. Son el lente a través del cual interpretamos la realidad circundante y proveen el ambiente para la toma de decisiones. Tanto buenas, como malas.

Los paradigmas son el mapa que nos permite entender dónde estamos, a dónde queremos ir y cómo llegaremos a cumplir nuestras metas.

Por ejemplo, supongamos que alguien nos invita a visitar la ciudad de Lima (Perú). Cuando llegamos, alquilamos un automóvil, tomamos la dirección de la persona que hemos venido a visitar y, como nunca hemos estado en esa preciosa ciudad de Sudamérica, pedimos un mapa.

Supongamos, sin embargo, que recibimos un mapa que dice «Lima» en la parte superior, que tiene en su contorno dibujos y fotos de Lima, pero por un error de imprenta en realidad es un mapa de Caracas, Venezuela. Nosotros podemos tener las mejores intenciones del mundo, podemos ser absolutamente sinceros en tratar de llegar a nuestro destino, podemos tener la mejor actitud mental positiva del mundo, y sonreír a los que nos rodean, pero sin el mapa apropiado... ¡estamos perdidos!

Esa es la importancia de desarrollar paradigmas correctos en la vida.

El secreto para la construcción de nuestro futuro económico se encuentra en:

1. Colocar como fundamento la obediencia a principios inalterables que nos lleven a la Prosperidad Integral.

2. Construir nuestro futuro económico con los materiales de primera clase provistos por excelentes valores personales y...

3. Desarrollar nuestro plan para la Prosperidad Integral basados en los planos correctos provistos por los paradigmas apropiados.

El propósito principal de la primera parte de este libro es, entonces, proveer una lista de Principios «P» que te ayudarán a realizar importantes cambios de paradigmas para llegar, de una vez por todas, a fin de mes y disfrutar de *bienestar* por el resto de tu vida.

¿Te gustaría verme explicar en video estos tres conceptos fundamentales? Hace algún tiempo preparé un video para enseñarles a empresarios estas ideas que acabo de compartir contigo. El video dura unos quince minutos y lo grabé desde la oficina que tenemos en el norte del estado de Georgia, Estados Unidos. Nos vemos, entonces, si sigues este código QR.

 También puedes encontrar un enlace a este video en la página www.andrespanasiuk.com/comollego.

Siete Principios «P»

1. El principio de la renuncia
2. El principio de la felicidad
3. El principio de la perseverancia
4. El principio de la moderación
5. El principio de la integridad
6. El principio del amor y la compasión
7. El principio del dominio propio

Como dijimos anteriormente, la primera característica que posee la gente que alcanza la Prosperidad Integral es que tiene una actitud diferente hacia la vida. Esas personas se han concentrado primero en el *ser* y luego en el *hacer*. Han tomado una serie de decisiones y hecho un cambio en la forma en la que se ven a sí mismas y en la que viven cada día. Tienen valores que los separan de la «masa» de gente que los rodea y han adoptado paradigmas que reflejan adecuadamente los principios que rigen el mundo de la Prosperidad Integral.

A continuación, me gustaría presentarte siete Principios «P» que creo fundamentales para lograr la actitud personal correcta que nos lleve a la prosperidad equilibrada que estamos buscando. Hay muchos más, pero creo que este será un buen comienzo.

1. El principio de la renuncia

Uno de los primeros paradigmas que debemos cambiar en nuestra vida es la forma en la que nos vemos a nosotros mismos en relación a las cosas que tenemos. Normalmente se nos enseña que somos los «dueños» de las cosas que hemos comprado o recibido.

Sin embargo, esa no es una forma correcta de encarar la manera en la que manejamos el dinero y las posesiones. A través de los años he descubierto que las personas más exitosas en el manejo del dinero (o en la toma de decisiones financieras) son aquellas que se ven a sí mismas como «administradoras» y no como «dueñas» de las cosas que poseen.

Suponte que tengo un amigo llamado Roberto. Cuando lo conocí, vivía en Guatemala y lo habían elegido gerente general de una cadena de supermercados muy conocida en el país. Al llegar el fin de año, Roberto nota que, por tercer año consecutivo, uno de los supermercados en Quetzaltenango no está andando bien. Viene enfrentando pérdidas y, a pesar de los esfuerzos hechos para reavivar el negocio, este año ha cerrado con pérdidas nuevamente.

La pregunta, ahora, es: ¿Qué es lo que debe hacer Roberto como gerente de esa cadena de supermercados? Si lo pensamos bien, probablemente deba cerrar ese negocio con problemas y estudiar la posibilidad de abrir otro en alguna otra parte.

Tengo otra historia (esta, de la vida real): Se trata de Federico, que vive en Puerto Rico. Tiene una tienda que fundó su abuelo. Este se la dio en heredad a su padre, y a su vez este se la pasó en herencia a él. El problema es que en los últimos tres años el negocio no ha andado muy bien. Dos años atrás empezó a perder dinero, el año pasado dio serios «números rojos» y este año la cosa no anda nada mejor.

La pregunta clave, ahora, es: ¿A quién le va a costar más, emocionalmente, cerrar el negocio? ¿A Roberto o a Federico?

Si bien Roberto debe manejar una suma millonaria de dinero para cerrar el supermercado que no va muy bien en Quetzaltenango, seguramente el que va a sufrir más en el proceso va a ser Federico.

¿Por qué?

Porque Roberto es simplemente un gerente, un administrador de la cadena de negocios, pero Federico es el dueño.

El dueño está emocionalmente apegado a sus posesiones. El gerente no lo está.

Esa es la gran diferencia entre ser dueños y ser administradores. Este Principio «P» indica **que cada uno de nosotros debemos renunciar a ser dueños de las cosas que tenemos para entonces comportarnos como administradores.**

Sin embargo, lamentablemente, la mayoría de las personas del mundo se ven a sí mismas como dueñas. Eso crea dificultades al momento de confrontar tiempos de crisis o tener que resolver grandes problemas financieros.

Frente a las dificultades, la persona que se siente como dueña tiene serias barreras emocionales para tomar las decisiones difíciles que se necesitan tomar y, muchas veces, las toma demasiado tarde. El administrador, no. Él o ella pueden tomar las decisiones difíciles «a sangre fría» y *temprano* en el proceso de confrontar la crisis.

A veces, esa es la diferencia entre la vida y la muerte económica.

Daniela y Juan Carlos vivían en Miami. Ahora son excelentes administradores de sus posesiones, pero cuando nos encontramos por primera vez estaban con una deuda encima que llegaba a los 135 mil dólares. Ambos tenían excelentes trabajos y ganaban muy bien. Pero se encontraban simplemente inundados por la cantidad de pagos que debían hacer cada mes, tanto los asignados a gastos familiares como a los pagos mensuales de sus deudas.

Cuando terminaron el primer análisis de su economía familiar, Juan Carlos se dio cuenta de que si vendían la excelente casa en la que vivían, podrían pagar una buena parte de sus deudas y, de esa manera, «respirar» mejor a fin de mes. Con el tiempo, y después de alquilar en algún barrio más barato por algunos años, podrían tratar de volver a comprar otra casa.

Yo observé lo mismo, pero por lo general no le digo a la gente lo que tiene que hacer. De todos modos, después de tantos años de mentoría financiera, ya me he dado cuenta de que la gente hace siempre no lo que uno le aconseja, ¡sino lo que quiere!

Sin embargo, y a pesar de no haber abierto la boca, Daniela miró hacia mí y me apuntó con el dedo diciendo: «Andrés, ¡la casa no! Cualquier cosa, menos la casa».

Yo, por supuesto, traté de calmarla y de decirle que decisiones como esas se debían pensar un poco y que quizás con el correr de los días encontrarían otra salida creativa a su situación.

El problema real que tenía Daniela no eran los 135 mil dólares que tenía que pagar de deudas. Esa era simplemente la manifestación de otros conflictos más profundos en su carácter personal y el de su pareja. Era el «efecto» de una «causa» que no se manifestaba a simple vista. Sin embargo, el inconveniente más importante que Daniela tenía enfrente era su <u>actitud</u>. ¡Y ella ni siquiera lo sabía!

Daniela estaba emocionalmente apegada a su propiedad (y, quizás, a su «estándar de vida»). Se sentía dueña, no administradora.

Eso, por un lado, no le permitía colocar todas y cada una de las cartas disponibles en la mesa para tomar una decisión acertada. Por el otro, ella confiaba en el «techo familiar» para que le proveyera de una falsa sensación de seguridad cuando, en realidad, la casa no era de ella: era del banco con el que la tenía hipotecada y hasta que no pagara el 100 % de su hipoteca, la casa, realmente, ¡ni siquiera le pertenecía!

Yo no digo que ellos *tenían* que vender la casa. Lo que estoy diciendo es que no tenían la capacidad de cortar el cordón umbilical emocional con sus propiedades para poder considerar **todas** las alternativas.

Con el correr de los meses (y gracias al libro *Cómo manejar su dinero*, del Dr. Larry Burkett[1]), mis amigos de Miami hicieron un cambio significativo en su actitud con respecto a las finanzas. Todavía guardo un mensaje electrónico que Daniela me escribió y que dice: «Andrés, yo sé que no está bien que tengamos tantas deudas. Juan Carlos y yo hemos decidido que vamos a salir de ellas cueste lo que nos cueste... ¡aunque tengamos que vender la casa!».

Ese día supe que ellos iban a salir de sus aprietos económicos.

Un año después de mi primer encuentro con ellos, nos encontramos nuevamente. Daniela y Juan Carlos me contaron cómo habían podido arreglar sus deudas y cómo habían recibido trabajos extras inesperados que les permitieron pagar, el primer año, ¡sesenta y cinco mil dólares en deudas!... y no tuvieron que vender su casa.

Yo creo que desprendernos emocionalmente de las cosas materiales es el primer paso en la dirección correcta para disfrutar de lo que hemos llamado en este libro la salud financiera, el bienestar (que significa «*estar bien*») o, simplemente, la «Prosperidad Integral».

Es interesante que las tres religiones más influyentes del mundo (la del pueblo cristiano, el judío y el musulmán) tengan la misma respuesta para esta pregunta sobre la propiedad: existe un Creador y nosotros, sus criaturas, hemos sido colocados en este mundo para administrarlo.

Sea uno religioso o no, lo asombroso del estudio de religiones comparadas que realicé antes de escribir este libro fue descubrir que el principio de la renuncia se encuentra entretejido en nuestra humanidad como una fibra que tenemos en común más allá de las culturas y los antecedentes sociales.

Yo no puedo hacer esto por ti. Solo tú puedes tomar la decisión de cortar el cordón umbilical, emocional, con lo que tienes y comenzar a manejar las finanzas de tu casa con la perspectiva y la actitud de un gerente. Hazlo. No te arrepentirás.

Para poner en práctica

Ahora que hemos entendido este primer Principio «P», debemos comenzar hoy mismo a desprendernos emocionalmente de las cosas que tenemos para empezar a vernos como administradores y actuar como gerentes de esas posesiones.

Si no tienes pareja, entonces haz una lista de todas las cosas que tienes y en la parte superior de la hoja escribe: «Documento de renuncia (Lista de cosas que me tocan administrar)». Invita a una persona de mucha confianza a que haga esto contigo.

Si tienes pareja, pídele que lean juntos este primer capítulo y hagan luego este ejercicio:

A. Escribe en la planilla que tienes a continuación el nombre de las habitaciones de tu casa. Coloca debajo, a grandes rasgos, las cosas que hay dentro de cada habitación.

Por ejemplo:

> Nombre de la habitación: Cuarto de los niños
> Detalle:
> > 2 camas
> > 1 silla
> > 1 cómoda
> > Ropa
> > Juguetes

B. Al terminar con cada habitación (o con toda la casa) haz lo siguiente:

Toma la lista en tu mano y prométete individualmente, o asegúrale a tu pareja o persona de confianza, que a partir de hoy cambiarán este paradigma de vida. Ahora serán gerentes, administradores de esos bienes que no son suyos, sino de la vida. A partir de hoy, prometen «desconectarse» emocionalmente de sus posesiones personales y van a comenzar a tomar decisiones financieras con la «cabeza fría» de un gerente.

Si eres una persona religiosa, puedes hacer un ritual en el que le entregas tus posesiones a Dios, renunciando a la propiedad de todo lo que posees. He notado que esto es algo muy efectivo para las personas que creen en Dios.

Documento de renuncia
(Lista de cosas que me tocan administrar)

Nota: Puedes bajar e imprimir este documento en: www.andrespanasiuk.com/comollego.

Nombre de la habitación: _____

Detalle:

Nombre de la habitación: _____

Detalle:

Nombre de la habitación: _____

Detalle:

Nombre de la habitación: _____

Detalle:

2. El principio de la felicidad

El segundo principio para la prosperidad que deseo compartir contigo es lo que llamo «el principio de la felicidad» (también conocido como «del contentamiento» o «de la satisfacción personal»). Este principio dice que cada uno de nosotros debemos **aprender a ser *felices* y a disfrutar de la vida sin importar el lugar que ocupemos en la escala socioeconómica de nuestro país.**

Quiero enfatizar nuevamente que hemos dicho «felices», «contentos» y no «conformes». Hay una importante diferencia entre estar conformes y estar contentos. La primera palabra describe a una persona conformista (que puede llegar a tener tendencias de haragán), y la segunda a aquella que ha aprendido a ser feliz en el nivel social en el que se encuentre: gane diez mil dólares por mes o cinco por día.

Uno debe tener un profundo compromiso en cuanto a hacer las cosas con excelencia y a avanzar económicamente en la vida. Pero, al mismo tiempo, debe aprender a disfrutar con intensidad del lugar en el cual se encuentra económicamente hoy.

Hay una razón para ello: una buena cantidad de los problemas de deudas que vemos hoy en nuestros países tiene que ver con que la gente está insatisfecha con el nivel de vida que le pueden proveer sus ingresos. Esa gente, en algún momento, pega un «salto social», por ejemplo, comprando una casa más grande de la que puede pagar, un transporte más caro del que debería tener o mudándose a un barrio más costoso del que le convendría vivir.

Ese «salto», con el tiempo, le trae serios problemas. Por un lado, porque sus recursos económicos no le alcanzan para pagar por el nuevo nivel de gastos que demanda esa nueva situación social y, por el otro, porque no puede hacer un «mantenimiento preventivo» de sus finanzas como, por ejemplo, ahorrar con regularidad.

Muchos creen que aunque el dinero no hace la felicidad, por lo menos ayuda. Eso lo decimos porque, en general, entre nuestra gente no vivimos en una sociedad de abundancia como la de algunos países de Europa o la estadounidense.

Si lo hiciéramos (como cuando nos vamos a vivir a esos países), nos daríamos cuenta de que esta idea, a veces citada en un contexto un tanto jocoso, proviene de una premisa equivocada, de un paradigma erróneo: la creencia de que los bienes materiales pueden satisfacer nuestras necesidades emocionales y espirituales como, por ejemplo, la necesidad de la alegría, del amor o de la paz. Esa es la base de lo que comúnmente llamamos el «materialismo».

El dinero puede comprar una casa, pero no puede construir un hogar; puede pagar para recibir educación, pero no para adquirir sabiduría; puede facilitar los medios para un trasplante de corazón, pero no puede proveernos amor.

A lo largo de los años he notado, contrariamente a las creencias populares, que no es la pobreza la que desintegra a las familias. Desde el punto de vista económico, son las malas decisiones financieras y las deudas acumuladas las que crean tensiones tan altas que, al fin, terminan en el rompimiento de la relación matrimonial.

Cuando uno es pobre (y mi esposa y yo somos testigos de ello), si la relación de pareja está sana, la unión se intensifica más y se trabaja arduamente para lograr la supervivencia de la familia. Cuando uno acumula deudas y maneja incorrectamente el dinero, los fondos empiezan a faltar y las acusaciones comienzan a hacerse oír más frecuentemente. Luego, siguen los gritos, las acusaciones, los insultos, los maltratos y, finalmente, la separación.

La Prosperidad Integral no depende exclusivamente de nuestra capacidad económica. Depende de la forma en la que elegimos vivir cada día y tiene más que ver con una actitud del corazón que con el estado de una cuenta bancaria. Aprender a ser felices con lo poco o lo mucho que tenemos le hace bien al alma.

Es por eso que pienso que la tarea más importante en la vida es, justamente, vivir. Donde «vivir» significa mucho más que meramente existir. Significa parar de correr detrás de las cosas materiales y superficiales para comenzar a perseguir las más profundas de la vida.

Tengo un examen para probar nuestros conocimientos sobre este tema.

En un interesante estudio realizado por la televisión educacional norteamericana sobre el consumismo en el país y publicado en internet[1] se descubrió que el porcentaje de norteamericanos que contestaron diciendo tener vidas «muy felices» llegó a su punto más alto en el año... (Elige una de las siguientes fechas):

1. 1957   2. 1967   3. 1977   4. 1987

La respuesta correcta es la número uno. La cantidad de gente que se percibía a sí misma como «muy feliz» llegó a su pico máximo en Estados Unidos en 1957 y se ha mantenido bastante estable o ha declinado desde entonces.

En el Reino Unido, una investigación realizada por Social Market Foundation y Centre for Competitive Advantage in the Global Economy (CAGE) descubrió exactamente lo mismo.[2]

Es interesante notar que, en la actualidad, tanto en la sociedad norteamericana como en la británica se consume el doble de bienes materiales de los que consumía la sociedad de los años 50. El Producto Bruto Interno de esos países era más bajo, la expectativa de vida era menor, las horas de trabajo eran más y la mayoría de la gente no tenía un televisor. Sin embargo, y a pesar de esas circunstancias materiales, aquellos se sentían igual o más felices de lo que nos sentimos nosotros hoy.

¿Por qué será?

Porque lo más importante en la vida es, justamente, *vivir*. Y aprender a «vivir» significa descubrir la tarea para la cual hemos nacido, poner en práctica los talentos y dones que la vida nos ha dado, concentrarnos en las cosas trascendentes como servir y enriquecer la vida de nuestro cónyuge, amar y enseñar a nuestros hijos, desarrollar nuestra vida personal y profundizar nuestra vida espiritual.

Se nos ha dicho que «la vida de una persona no consiste en la abundancia de los bienes que posee»[3], y esa es una gran verdad.

Vivir la vida, y vivirla en abundancia, significa aprender a disfrutar ver a nuestros niños jugar en el fondo de la casa. Emocionarnos al orar con ellos junto a sus camas y darles el besito de las buenas noches. Significa preocuparnos por la vida de la gente, ayudar a pintar la casa del necesitado, arreglarle el auto a una madre sin esposo, y escuchar en silencio hasta cualquier hora de la noche las penas del corazón de un amigo herido.

Vivir en abundancia significa extender la mano amiga a los pobres, aprender a restaurar al caído y a sanar al herido. Significa, para los varones, poder mirar a nuestra esposa a los ojos y decirle sinceramente «te amo». Poder llegar a ser un modelo de líder-siervo para nuestros niños. Significa dejar una marca más allá de nuestra propia existencia.

Poco tiene que ver este concepto de la felicidad y la satisfacción personal con las enseñanzas de los comerciales en las redes sociales o con los evangelistas del materialismo. Poco tiene que ver eso con lo que enseñan muchos *influencers* de las redes y los medios de comunicación social. Si en algo estoy de acuerdo con aquella frase del comienzo es en que el dinero no hace la felicidad y, sinceramente, no sé hasta cuánto ayuda.

Reflexión final

Proponte en este día darle una mirada franca a la posición en la que te encuentras en la escala social de tu país. Pregúntate: ¿Tengo paz en mi vida económica? Si no tienes paz en el contexto económico en el que te toca vivir, quizás sea hora de tomar algunas decisiones importantes, tanto financieras como personales y familiares. Ajusta tu nivel de vida y, en vez de correr detrás de las metas económicas, decide ser feliz. Solo tú puedes hacer eso. Yo no puedo cambiar tu actitud frente a la vida ni el valor que les das a las cosas materiales. Lo tienes que hacer tú... y lo debes hacer hoy.

Para poner en práctica

 Mira este video inspiracional sobre el tema de la verdadera felicidad.[4] Puedes compartirlo con amigos y familiares para pensar juntos sobre este tema tan importante.

 También puedes encontrar un enlace a este video en la página www.andrespanasiuk.com/comollego.

Escribe, aquí mismo, tu decisión de aceptar el principio de la felicidad y tu compromiso personal a ser feliz en el lugar en el que te encuentras económicamente. Comprométete, por un lado, a disfrutar de los ascensos en tu trabajo, darle la bienvenida a los incrementos de salario y las compras que puedas hacer. Pero, por otro lado, comprométete a no perder el sueño por esas cosas. Decide ser feliz hoy mismo en el lugar, con los recursos y las relaciones que la vida te ha provisto. Escríbelo:

_____

_____

_____

_____

_____

_____

_____

_____

_____

_____

_____

_____

_____

_____

_____

_____

_____

_____

_____

_____

_____

_____

Firma y fecha

3. El principio de la perseverancia

El tercer Principio «P» que debemos tener en cuenta si queremos entrar en el sendero de la Prosperidad Integral es el principio de la perseverancia. ¿Por qué no hablamos de simplemente tener paciencia? Porque la paciencia debe ir acompañada de diligencia: paciencia + diligencia nos llevan a tener salud financiera, a vivir en bienestar.

En cuanto a esto, Leonardo da Vinci diría: «La paciencia nos protege de los males de la vida como la vestimenta nos protege de las inclemencias del tiempo»,[1] a lo que Cervantes podría agregar: «La diligencia es la madre de la buena suerte».[2]

Hago una diferencia entre la paciencia en general y la paciencia diligente porque muchas veces encuentro que la gente tiene una idea fatalista de la paciencia. Creemos que es sinónimo de rendirnos a nuestra mala suerte o a las circunstancias en las que vivimos. Pensamos en la idea de sentarnos, mirando el techo y esperando sin hacer nada a que ocurra un milagro o a que las circunstancias cambien en nuestra vida.

Esa paciencia fatalista, es como la del tango «Sufra» de Caruso y Canaro:

> «Sufra y aguante, y tenga paciencia,
> que con paciencia se gana el cielo,
> trague saliva y hágase buches
> que se le puede caer el pelo.
> Si es que le hacen una parada,
> si desgraciado es en el querer,
> trague saliva y hágase buches.
> Sufra y aguante, que es por su bien».

O la del tango «Paciencia» de Francisco Gorrindo (1937), que dice:

> «Paciencia... la vida es así.
> Quisimos juntarnos por puro egoísmo
> y el mismo egoísmo nos muestra distintos,
> para qué fingir...
>
> »Paciencia... la vida es así.
> Ninguno es culpable,
> si es que hay una culpa.
> Por eso la mano que te di en silencio
> no tembló al partir».

Esa no es la paciencia de la que estamos hablando. Estamos hablando de una paciencia en movimiento, la paciencia diligente, proactiva, la perseverancia a través del tiempo.

Confucio decía: «Nuestra mayor gloria no está en que nunca hemos fallado, sino en que cada vez que fallamos nos hemos levantado».[3] A lo que el famoso Suleimán (o «Salomón», como lo llamamos en occidente), agregaría: «Los justos podrán tropezar siete veces, pero volverán a levantarse».[4]

Ejercer la paciencia diligentemente, desde el punto de vista económico, requiere que evitemos la actitud y la cultura imperantes a nuestro alrededor y que salgamos de ello para comenzar a mirar la vida desde un punto de vista diferente. El problema que experimentamos en cada uno de nuestros países es que las continuas dificultades económicas que hemos sufrido a través de los años han promovido desde nuestra niñez una actitud del «ya y ahora».

Entonces, cuando tenemos la oportunidad de comprar algo o de realizar algún negocio, optamos por lo que es más conveniente a corto plazo: hoy tenemos y hoy gastamos (porque pensamos: «¿Quién sabe qué es lo que va a ocurrir mañana con la economía del país?»).

Sin embargo, en la nueva economía de mercado que estamos viviendo hoy, esas presuposiciones han quedado arcaicas, fuera de contexto. Serán aquellos que vean sus finanzas como una carrera de larga duración (incluso como una carrera que continuarán corriendo sus herederos) los que, a fin de cuentas, lograrán los mejores rendimientos económicos.

Y esto lo digo a pesar de saber que, de vez en cuando, nuestros gobiernos suben y bajan los intereses y nuestra moneda se pone fuerte o la devalúan. Lo mejor es jugar para ganar al final de los 90 minutos del juego, y no solamente el primer tiempo del partido.

De acuerdo al libro *El millonario de al lado*, de Stanley y Danko, «más del ochenta por ciento de los millonarios en Estados Unidos hoy son gente común y corriente que han acumulado riquezas en una generación. Lo hicieron lenta y consistentemente, sin ganar la lotería».[5] Tampoco se hicieron ricos por heredar alguna fortuna de sus padres.

Déjame darte un ejemplo del beneficio de ser perseverante a través del tiempo. En Estados Unidos (y cada vez más en nuestros países del continente) existe una forma muy interesante de cobrar los intereses de los préstamos realizados por compras de envergadura (casas, autos, electrodomésticos, etc.). Al capital que se pidió prestado se le suman los intereses de esas compras y los mismos se pagan en mensualidades que, con una fórmula matemática, proveen para cada pago una mezcla del capital y el interés adeudado.

Lo interesante de este sistema (llamado «francés» en algunos países) es que la mayor parte de los intereses se pagan al comienzo del préstamo. Por ejemplo, si quisiera comprar una casa y pedir un préstamo por $10.000 pagaderos a veinte años al 7 % de interés anual, el siguiente sería el gráfico de los pagos:[6]

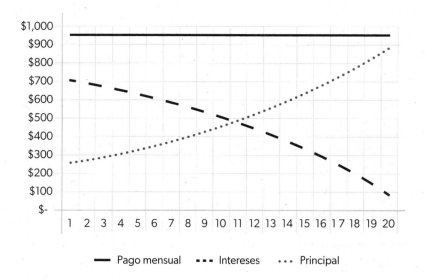

— Pago mensual   ▪▪▪ Intereses   ••• Principal

Fuente: Iowa State University

En este ejemplo el pago sería siempre el mismo: aproximadamente unos $930 por año (línea sólida). Sin embargo, la cantidad de capital (línea de puntos) al principio sería bastante baja (unos $230 al mes), e iría creciendo con los años. Los intereses (línea de guiones), por otro lado, comenzarían siendo altos (unos $700 mensuales) y bajarían con el tiempo.

Eso significa que al principio de mi hipoteca yo estaré pagando, básicamente, una «renta» o «alquiler» al banco por mi casa; casi no estaré pagando el préstamo. Yo considero que eso, a pesar de ser totalmente legal, es absolutamente inmoral; y ya te doy un ejemplo para que veas cómo este tipo de préstamos nos afecta. Esta es una de las razones por las que perseverar en cumplir con un buen plan financiero a lo largo del tiempo puede tener importantes beneficios.

Un ejemplo valioso

Suponte que tengo dos amigos. Uno se llama Ricardo Rápido. La otra se llama Patricia Paciente. A Ricardo Rápido le gusta moverse velozmente, tratar de tener la mayor cantidad de cosas en el menor tiempo posible. Patricia Paciente es todo lo contrario. Ella quiere alcanzar sus metas, pero con inteligencia financiera y perseverancia.

Ahora bien, tanto Ricardo como Patricia se quieren comprar una casa. La forma en la que lo harán te demostrará por qué es tan importante tener perseverancia en nuestra vida económica (tener paciencia + diligencia).

Nota importante:

Antes de seguir adelante tengo que reconocer que no estoy tomando en cuenta algunos aspectos financieros importantes como la fluctuación del mercado inmobiliario, la inflación, el pago del seguro por no poner el 30 % de cuota inicial, y los costos de compra y venta del inmueble. La razón te la explicaré al final, pero tiene que ver con la lección principal que te quiero enseñar y que hace que esos aspectos financieros no jueguen un papel muy importante en la historia. Los números están redondeados para hacer menos complicada la narración.

Entonces, volviendo a mis dos amigos: Patricia Paciente y Ricardo Rápido...

Los dos quieren comprarse una casa que vale 300.000 dólares estadounidenses, tienen 30.000 dólares para el depósito inicial y pueden pagar unos $2.100 de mensualidad por la hipoteca.

Mi amigo Ricardo Rápido (como es «rápido») compra rápidamente la casa más grande que pudo encontrar por ese dinero y ese pago mensual. Le costará exactamente 300.000 dólares.

Aquí va un dibujito de su casa:

Por otro lado, Patricia Paciente —como es paciente + diligente— decide que en vez de comprarse la casa más grande que puede pagar con los $2.100 mensuales, se va a comprar una más pequeña. Le va a costar 200.000 dólares exactamente.

Aquí va un dibujo de la casa de Patricia Paciente:

Entonces, esta es la situación de mis dos amigos:

El Rápido	La Paciente
Casa de $300.000	Casa de $200.000
Anticipo: $ 30.000	Anticipo: $30.000
Deuda: $270.000	Deuda: $170.000
Plazo: 30 años	Plazo: 30 años
Interés: 8,50 % anual	Interés: 8,50 % anual
Pago mensual: $2.076	Pago mensual: $2.100

En el primer mes de pago, la paciencia de Patricia Paciente comienza a tener un resultado positivo: ella debería pagar $1.307, pero como está pagando más de lo que debería, una porción más grande de sus pagos mensuales va a eliminar su deuda principal con el banco.

Mira esta demostración del mes número 1 (*los números están redondeados*):

Mes	Nombre	Deuda	Pago	Interés	A la deuda	Activo
1	Rápido	$269.836	$2.076	$1.912	$164	$30.164
1	Paciente	$169.104	$2.100	$1.204	$896	$30.896

Como Paciente está pagando más de lo que debería a la deuda, entonces su «activo» crece mucho más rápido cada mes. Si vives en Estados Unidos, los norteamericanos llaman *equity*, en inglés, a lo que nosotros llamamos *activo* (aunque aquí no hemos considerado la valorización de la casa en el «activo» para facilitar la enseñanza).

Diez años después...

A los diez años, como ha estado dando más dinero cada mes a los pagos de su hipoteca, mi amiga Patricia Paciente está a un mes de terminar de pagar completamente su casita. Entonces, esta es la situación económica de mis dos amigos luego de pagar unos $2.100 por 120 meses:

Mes	Nombre	Deuda	Pago	Interés	A la deuda	Activo
120	Rápido	$239.227	$2.076	$1.697	$379	$60.773
120	Paciente	$1.431	$2.100	$25	$2.075	$198.569

Nota algo muy importante: Ricardo Rápido, después de pagar 2.076 dólares todos los benditos meses por los últimos diez años ¡todavía debe más de **239.000** de los 270.000 dólares que pidió prestados originalmente! ¿No te parece un robo? Sin embargo, es totalmente legal.

Él ha caído en una trampa económica y ha estado pagando una especie de renta o alquiler por su casa al banco (en forma de intereses) y al gobierno (en forma de impuestos).

Ahora bien, si Ricardo Rápido vendiera su casa, ¿tú crees que el banco le va a devolver todos los intereses que pagó **de más** hasta ahora? ¿Crees que van a reconocer que, en vez de pagar unos $30.772 de la deuda principal en estos últimos diez años, debería haber pagado $90.000? ¡Jamás!

¡El banco o la financiera se queda con todos los pagos y todos los intereses adelantados que pagó hasta ahora!

Lo lógico sería que 270.000 dólares de deuda, pagaderos en treinta años, se paguen a 9.000 dólares por año, ¿no? Pero nos han «arreglado» las cosas de tal manera que si Ricardo vende su casa, en vez de tener que devolverle al banco 180.000 dólares, el banco se quedó con todos los intereses y, encima, recibirá $239.227 de vuelta para saldar la deuda. **¡Eso es más de 59.000 dólares «extra»!**

Esa es la razón por la que los bancos tienen las oficinas más bellas y los edificios más grandes de la ciudad: se han convertido en una increíble «aspiradora financiera». El problema es que, en el proceso, nos descapitalizan a nosotros. Nos roban nuestro futuro económico.

Eso me pone a pensar... si no sabes cómo se juega el «juego de la hipoteca», ¿cómo vas a «ganar»? ¡Por supuesto que te van a *robar*! Ahora te vas dando cuenta de cómo se juega el juego de la compra de la casa, ¿no?

Sigamos adelante con la historia.

Patricia cumple sus sueños...

Como ya terminó de pagar su casita más humilde, ahora Patricia Paciente la vende por exactamente la misma cantidad de dinero por la que la compró ($200.000) y coloca ese dinero como anticipo para comprar la casa de sus sueños justamente al lado de la de Ricardo Rápido, pagando lo mismo que él: 300.000 dólares.

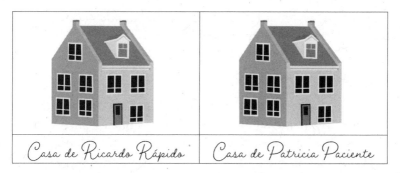

Casa de Ricardo Rápido | Casa de Patricia Paciente

Entonces, Paciente pide un préstamo de $100.000 y continúa pagando sus $2.100 mensuales (en vez de $769) a la nueva hipoteca de treinta años al 8,50 % de interés anual. Aquí vemos la situación en el mes 121:

Mes	Nombre	Deuda	Pago	Interés	A la deuda	Activo
121	Rápido	$238.845	$2.076	$1.694	$382	$61.155
121	Paciente	$98.608	$2.100	$708	$1.392	$201.392*

* El «activo» de Patricia Paciente es el dinero que colocó de anticipo o enganche para comprar la nueva casa ($200.000), sumado al pago aplicado a la deuda ($1.392).

Cinco años después...

Cinco años más tarde, mi buena amiga Patricia Paciente acaba de terminar de pagar la casa de sus sueños. Quince años (no treinta) después de haber comenzado su camino a la casa de sus sueños. Veamos la comparación con Ricardo Rápido después de quince años (180 meses) de pagos mensuales:

Mes	Nombre	Deuda	Pago	Interés	A la deuda	Activo
180	Rápido	$210.824	$2.076	$1.497	$579	$89.176
180	Paciente	$0	$618	$4	$614	$300.000

Como puedes notar, mi amigo Ricardo Rápido todavía debe unos **210.000 dólares** por su préstamo de 270.000. Cada mes, todavía una gran parte de su pago va hacia el pago de intereses y mucho menos a su deuda.

Patricia Paciente está en una situación muy distinta. Ha pagado completamente su casa en solamente quince años y ahora tiene $2.100 libres cada mes. Entonces, toma una muy sabia decisión: invertir ese dinero de manera mensual, muy conservadoramente, en un negocito o, quizá, en un Fondo Mutuo al 8 % de interés anual.

Quince años más tarde...

Luego de treinta años de haber comenzado su carrera hipotecaria para comprar la casa de sus sueños, mis dos amigos están en lugares muy diferentes, guiados por las decisiones que tomaron en su juventud: uno, con impaciencia, comprando la casa más grande que pudo lo antes posible; la otra, pacientemente, comprando una casa pequeña, vendiéndola, comprando una segunda e invirtiendo a largo plazo sus pagos hipotecarios «excedentes» de $2.100 mensuales.

Veamos juntos su situación económica. En primer lugar, tanto Rápido como Paciente tienen un activo de 300.000 dólares por el valor de la casa de sus sueños. Sin embargo, la inversión de Patricia de $2.100 mensuales al 8 % anual, por quince años, ha generado la friolera de ¡**$731.524,80**! Mira el cuadro.

Cuadro comparativo

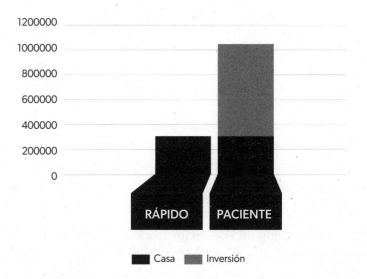

La paciencia y la perseverancia a través del tiempo le han pagado muy bien a Patricia Paciente. No fue fácil (nunca lo es), pero valió la pena. Ahora, frente al momento de su vida en el que Patricia está pensando en sus planes de jubilación (retiro), logró acumular activos ¡por más de **un millón de dólares**!

La diferencia no la hizo el mercado. El precio de las casas en el mercado va a subir o bajar para los dos de la misma manera. La gran diferencia la hizo el hecho de que Ricardo Rápido terminó pagando **$477.383 en intereses** (casi medio millón de dólares), y eso lo mató, económicamente hablando. Su impaciencia por disfrutar de lo mejor en el menor tiempo posible le costó carísimo.

Uno no debería comprar la casa más grande que pueda cuando compra su primera casa. Es mucho mejor comprar una más pequeña, prepagarla y luego venderla y comprar una más grande.

Es mucho, mucho mejor comprar un terrenito al contado y construir a través del tiempo, sin deudas.

Sin embargo, para eso se requiere obedecer el principio de la perseverancia.

Paciencia + Diligencia

El último pensamiento: cuando medito en Patricia Paciente observo que ella no estaba pensando solamente en sí misma. Patricia estaba acumulando capital para la siguiente generación: para sus hijos y sus nietos. Sacrificó parte de su satisfacción personal por el bienestar de las generaciones futuras.

Este tipo de actitud está desapareciendo en nuestras sociedades en la medida en la que los medios de comunicación y las redes sociales nos condicionan a disfrutar del «aquí y el ahora» sacrificando en el proceso el futuro personal y familiar.

La actitud de Patricia Paciente era la que mostraba el carácter de aquellos inmigrantes europeos y asiáticos que llegaron a nuestras tierras. Era la actitud de mi abuelo y de muchos otros eslavos, alemanes y asiáticos que regaron con su sangre y su sudor el noreste argentino para abrirle surcos a la selva de Misiones y del Chaco Paraguayo. Nos vendría muy bien al resto de nosotros imitarlos.

Para poner en práctica

Escribe, aquí mismo, las cosas en las que crees que debes ser paciente y las áreas de tu vida económica en las que debes empezar a pensar más seriamente a largo plazo (vamos a volver a hablar del tema en la segunda parte de este libro):

_____

_____

_____

_____

_____

_____

_____

_____

_____

_____

_____

_____

_____

_____

_____

_____

_____

_____

_____

_____

_____

_____

_____

Firma y fecha

 Si sigues este código QR puedes ver un hermoso video llamado «La fábula del helecho y el bambú»[7] sobre el tema de la paciencia.

 También puedes encontrar un enlace a este video para verlo o compartirlo con otros en la página www.andrespanasiuk.com/comollego.

4. El principio de la moderación

Benjamín Franklin dijo una vez (y esta es una traducción y adaptación mía): «Un centavo ahorrado son dos centavos en el bolsillo».[1] Esa es una gran verdad: una de las formas más efectivas de aumentar nuestro patrimonio es reduciendo nuestros gastos e invirtiendo nuestros ahorros (que es, justamente, lo que hizo Patricia Paciente). Al final de este libro ocuparé un buen número de páginas dando consejos prácticos para ahorrar en los gastos de todos los días.

Sin embargo, nuestra capacidad de ahorro mejoraría notablemente si adoptáramos un concepto casi «marciano» en nuestro pueblo latinoamericano hoy: el concepto de la moderación.

La moderación (o la frugalidad, como se llama en algunos países) es un concepto absolutamente desconocido para nosotros. Sin embargo, estoy convencido de que la razón de la prosperidad de muchas naciones que ahora lideran el mundo tiene que ver, justamente, con este principio de vida.

A mí me parece que existen razones por las que, treinta años después de haber sido total y absolutamente destruida, Alemania se convirtió en la economía más grande de Europa. Existe una razón por la que países como Suecia, Finlandia, Noruega, Dinamarca, Holanda o Suiza tienen un estándar de vida más alto que países como España, Italia o Grecia.

En un sofisticado estudio realizado por Numbeo sobre coeficientes nacionales de «calidad de vida» y publicado en internet,[2] ninguno de los países del sur de Europa está entre los primeros diez. A decir verdad, España está en el lugar número trece, detrás de Eslovenia y Francia... ¡detrás de Croacia!

Como podemos ver, el Producto Bruto Interno de un país no me dice mucho sobre la calidad de vida de sus pobladores.

El principio de la moderación es uno que países como los del norte de Europa, Estados Unidos, Singapur, Japón o Corea del Sur, por ejemplo, abrazaron completamente hace muchos años. Después de pensarlo mucho, creo que eso (entre otras cosas, por supuesto) ha sido una de las actitudes que han hecho la mayor diferencia en la capacidad de acumular capital por parte de individuos y familias.

Sin embargo, nuestros países nunca abrazaron la moderación. Nunca nos la han enseñado. No nos han enseñado moderación en la casa, ni en las escuelas, ni en las comunidades de fe a las que pertenecemos, ni en los clubes a donde vamos a hacer deporte, ni a través de los medios de comunicación o las redes sociales. El concepto es absolutamente «marciano» para nosotros.

Tan extraterrestre es la idea que ni siquiera sabemos a ciencia cierta de qué se trata. Si nos preguntaran: «Oye, Andrés, ¿qué es eso de la *moderación*?». No tendríamos la menor idea de cómo contestar.

Pues la moderación es, como decían nuestras abuelitas: «*Ni muy muy, ni tan tan*». Eso significa: no vivo ni como Juan Rockefeller, ni como la Madre Teresa de Calcuta. Vivo en el medio, satisfaciendo, primordialmente, mis necesidades.

Por ejemplo: puede que yo tenga el dinero en efectivo para comprarme un auto de lujo, deportivo, rojo, importado de Alemania. Sin embargo, un auto de tamaño mediano, japonés, satisface mis necesidades. Así que compro el auto japonés. Lo hago, no porque sea tacaño o ame el dinero. Lo hago, porque vivo con *moderación*.

Cuando vivo con moderación, satisfago mis necesidades. La diferencia de precio, entonces, entre el auto alemán y el japonés se queda en mi cuenta de banco.

Cuando traslado esa actitud y ese proceso de decisión al supermercado, a la compra de ropa, zapatos, artículos electrónicos y todas mis otras necesidades todos los días, por el resto de mi vida, eso me lleva *naturalmente* al incremento de mis reservas económicas. No es un misterio. No es un milagro. No es «polvo de oro que cae del cielo». Es simplemente el resultado natural de la obediencia a un principio que ha existido desde el tiempo de la creación: el principio de la moderación.

A lo largo de los años de mentoría financiera me he dado cuenta de que, en este tema, hay dos tipos de personas: los ahorradores y los inversores.

Los ahorradores tratan de guardar y de ahorrar cuanto centavito encuentren. Los «inversores» hablan de «invertir» en una computadora, un auto nuevo, un televisor o un equipo de sonido para el hogar.

Sin embargo, aquí hay una idea muy importante para compartir con estos «inversores»: **nunca podemos ahorrar gastando.** Pareciera ridículo tener que decirlo, pero muchos «inversores» creen sinceramente en las campañas publicitarias que dicen: «¡Compre y ahorre!» o «¡Compre ahora y ahorre para después!». Cuesta tener que explicar que estos términos son contradictorios y opuestos.

Uno no puede gastar y ahorrar al mismo tiempo, excepto —por supuesto— cuando compramos en cantidad para satisfacer una necesidad real y la compra se hace a un precio más barato que el regular.

Es por eso que me gustaría hacer un paréntesis para clarificar dos conceptos muy importantes: el de la necesidad y el del deseo.

Antes de clarificar estos dos conceptos quisiera recalcar que no es malo tener deseos y satisfacerlos. No estamos promoviendo el masoquismo. Sin embargo, para llegar a fin de mes es importantísimo tener en claro cuáles son nuestras necesidades y cuáles nuestros deseos. Debemos satisfacer las necesidades primero y, luego, nuestros deseos solamente en el caso de que tengamos los recursos económicos disponibles para hacerlo.

A. Las necesidades

Cuando tomé mis clases de psicología en la universidad, estudié en alguna de ellas la famosa «Escala de Maslow». Hace un tiempo leí un artículo publicado por la revista de la famosa BBC (la *British Broadcasting Network*) que me hizo recordar el trabajo de este psicólogo del siglo veinte. Abraham Maslow creó una pirámide que dividía las necesidades del ser humano en cinco áreas generales que iban desde las más básicas (fisiológicas) hasta la necesidad de sentirse realizado (pasando por la necesidad de seguridad, pertenencia y estima propia).[3]

Sin embargo, para los propósitos de nuestro estudio, voy a definir como «necesidad económica» todas aquellas cosas que realmente requerimos para sobrevivir: comida, vestimenta, un techo sobre nuestra cabeza, etc. No solamente cosas materiales o corporales, sino todo aquello que estemos verdaderamente necesitando para nuestra supervivencia como seres humanos (por ejemplo: seguridad, salud, transporte, etc.).

Debemos colocar nuestras necesidades en el nivel de prioridad más alto. Debemos buscar suplirlas a toda costa. Allí deben ir primero nuestros recursos financieros, sin mayores dudas ni retrasos.

B. Los deseos

Cuando hablamos de las compras que tenemos que hacer, todo aquello que no es una necesidad, es un deseo. Ya sea un deseo «de calidad» (o DC) cuando queremos satisfacer una necesidad con algo que tenga una **calidad más alta**, o sea un deseo «propiamente dicho» (al que llamaremos simplemente «deseo» y lo identificaremos con la letra «D»), que significa que simplemente queremos tener **algo que nos gusta.**

Un DC podría ser, por ejemplo, un buen pedazo de bistec en lugar de una hamburguesa. El alimento es una necesidad básica del cuerpo. Pero, en este caso, uno está queriendo satisfacer esa necesidad con un producto más costoso y de más alta calidad: un bistec.

Lo mismo podría ocurrir en todas las otras áreas de necesidades reales en nuestra vida: podemos comprar un vestido en una tienda de vestidos usados o podemos comprar uno de alta confección. En ambos casos, la vestimenta es una necesidad, pero la forma en que queremos satisfacer esa necesidad puede transformar la compra en un deseo.

Un deseo «D» es todo aquello que no tiene nada que ver con una necesidad. Comprar un gabinete para el televisor, una mesa para el patio de la casa, un aparato electrónico, un velero u otra propiedad para hacer negocio con ella pueden ser ejemplos de este tipo de deseos.

Así que deberíamos satisfacer nuestros deseos solamente después de haber satisfecho nuestras necesidades, y si tenemos los recursos económicos para hacerlo.

Por lo tanto, antes de salir de compras es importante que tengamos en claro lo que es una necesidad y lo que es un deseo. En estos días la gente tiene la tendencia a decir: «Necesito una computadora» o «Necesitamos una cámara fotográfica», cuando en realidad deberían estar diciendo: «¡Cómo quisiera comprarme una computadora!» o «¡Cómo nos gustaría tener una cámara fotográfica!».

Por desdicha, desde los años 1970 hemos pasado a través de un proceso de condicionamiento para comenzar a hablar de «necesidades», en vez de reconocer nuestros deseos. Al hacerlo, creamos una ansiedad interior que nos impulsa a satisfacer esa «necesidad». Es entonces cuando invertimos nuestro dinero en cosas que realmente podrían esperar y nos olvidamos de proveer para aquellas cosas que realmente necesitamos (ya sea en forma inmediata o a largo plazo).

Recuerdo haber sido invitado, hace muchos años a un programa de televisión que, en esa época, era uno de los más famosos del país que estaba visitando. A pocos minutos de salir al aire, el conductor me explicó muy amablemente: «Dr. Panasiuk, ahora hay una forma de mandar mensajes que se llama "mensaje de texto"» (ya sabes que eso ocurrió hace *muchos* años). Luego me dijo: «¿No le molestaría si contestamos algunas preguntas de la audiencia a través de esos "mensajes de texto"?».

Con mucho gusto acepté y me preguntaba cuántos teléfonos con mensajes de texto habría en la audiencia. Yo era directivo de una compañía con un presupuesto multimillonario y no tenía uno de esos teléfonos...

En un momento de la entrevista, el conductor me miró y me dijo: «Aquí tenemos un mensaje que nos llegó mientras estábamos conversando y dice: "Pregúntenle a ese *payaso...*"» (yo miré en varias direcciones y no vi ningún *payaso...* pero, bueno... sigamos con la historia). El conductor prosiguió: «Pregúntele a ese *payaso* cómo un padre como yo —que tengo cinco hijos— puedo sobrevivir en este país ganando un salario mínimo».

A lo que inmediatamente contesté diciendo: «Bueno... lo primero que yo me preguntaría es cómo puede ser que una persona que gana un salario mínimo y tiene cinco hijos... ¡tiene un teléfono con mensaje de textos!».

La verdad es que no sé si al hombre le habían prestado el teléfono o le pertenecía, pero si era de él (y sospecho que sí), esa es una muy buena demostración de cómo gastamos dinero en cosas que no necesitamos para luego quedarnos sin dinero a fin de invertir en las cosas importantes.

El alcohol, el tabaco, el juego de lotería semanal, el café sofisticado que compramos por las mañanas, la comida de restaurante al mediodía en el trabajo, los pasatiempos o las visitas a la cancha de fútbol no son necesidades básicas para nosotros ni nuestras familias. Son los pequeños gastos los que nos hacen los grandes agujeros en el mundo económico personal y familiar.

De nuevo, no estoy en contra de divertirnos y darnos un deseo de vez en cuando. Pero creo que el péndulo se ha ido hacia un extremo y hemos perdido la idea de satisfacer necesidades primero y deseos después.

No obstante, debemos tomar nota de que no siempre lo que parece un «ahorro» realmente lo es. Por un lado, porque como me lo recuerda mi esposa regularmente, «lo barato sale caro». En algunas circunstancias nos conviene comprar cosas de mejor calidad, pero que nos duren de por vida, que cosas de baja calidad que tendremos que reemplazar cada cierta cantidad de años.

Por otro lado, no siempre es una buena idea comprar «ofertas». Si yo compro diez jabones de lavar la ropa porque estaban casi a mitad de precio y después de dos días me quedo sin dinero para comprar leche, he hecho una mala inversión. Ahora tengo dinero paralizado en la repisa del cuarto de lavar la ropa riéndose me en la cara porque no puedo prepararme un café con jabón, necesito leche. Este es un típico caso en el que no me conviene «ahorrar gastando».

Sin embargo, si el almacén de la esquina de mi casa está ofreciendo dos litros de leche por el precio de uno, yo debería de inmediato aprovechar la oferta (especialmente si tengo niños en casa). La leche es un elemento de consumo diario y es una necesidad básica para mi supervivencia. El jabón de lavar la ropa y otros limpiadores pueden ser reemplazados por alternativas más baratas (en la última sección de este libro estaré dando alternativas creativas y económicas para los químicos que regularmente usamos para limpiar nuestro hogar).

Este último problema de comprar más de lo que uno necesita y tener dinero estancado en las alacenas de la casa es un asunto que millones de negociantes confrontan cada día a lo largo y ancho del mundo. Lo crea o no, administrar la economía de un hogar tiene mucho que ver con la forma en la que se maneja la economía de un negocio, incluso, con la manera en la que se gestiona la economía de un país.

Ahora que nos vemos a nosotros mismos como gerentes, necesitamos comenzar a operar los negocios de la casa con las mismas herramientas con las que se administran los negocios en el mundo de hoy. Si eres la persona que maneja el dinero en el hogar, a partir de hoy podrás colocar en tu currículum vitae: «Presidencia de la Junta Financiera de _____ (su apellido) y Asociados».

Para poner en práctica

Acostúmbrate a diferenciar entre necesidades, deseos de calidad (DC) y deseos propiamente dichos (D). Escribe al lado de cada palabra las letras N, DC o D según corresponda. Compara las respuestas con las nuestras en la siguiente página.

N= Necesidad básica del ser humano.
DC= Deseo de calidad. Necesidad básica satisfecha con una solución de más alta calidad.
D= Deseos. No son necesidades básicas.

1. Comida		11. Educación		21. Fiesta de cumpleaños	
2. Pantalón		12. Casa		22. Comidas en restaurantes	
3. Zapatos		13. Vivienda		23. Turismo en las montañas	
4. Bistec		14. Transporte		24. Herramientas	
5. Postre		15. Auto		25. Teléfono	
6. Vacaciones		16. Pela papas		26. Juguetes	
7. Televisión		17. Teléfono celular		27. Vestido	
8. Radio		18. Perfume		28. Limpiadores	
9. Computadora portátil		19. Video		29. Regalos especiales	
10. Café		20. Soda		30. Mascotas (perro, gato, etc.)	

Respuestas

N= Necesidad básica del ser humano.

DC= Deseo de calidad. Necesidad básica satisfecha con una solución de más alta calidad.

D= Deseos. No son necesidades básicas.

1. Comida	N	11. Educación	N	21. Fiesta de cumpleaños	DC
2. Pantalón	N	12. Casa	DC	22. Comidas en restaurantes	DC
.3. Zapatos	N	13. Vivienda	N	23. Turismo en las montañas	DC
4. Bistec	DC	14. Transporte	N	24. Herramientas	DC
5. Postre	D	15. Auto	DC	25. Teléfono	DC
6. Vacaciones	N	16. Pela papas	D	26. Juguetes	D
7. Televisión	D	17. Teléfono celular	N	27. Vestido	N
8. Radio	DC	18. Perfume	D	28. Limpiadores	DC
9. Computadora portátil	D/ DC	19. Video	D	29. Regalos especiales	DC
10. Café	D	20. Gaseosa	DC	30. Mascotas (perro, gato, etc.)	D

Notas:

8. Radio: la radio cumple una función diferente de la que cumple la televisión. La radio es un importante medio de información, socialización y contacto comunitario. Es por eso que la hemos clasificado como «DC». Años atrás, en algunos pueblos y ciudades del interior, incluso podría haber sido «N». La televisión es, primordialmente, un medio de entretenimiento.

9. Computadora portátil: depende de para qué se use. Una computadora puede llegar a cumplir ciertas funciones muy necesarias en el hogar (organizar las finanzas, educación de los niños, investigación en internet, trabajo en casa, etc.). En otros casos, se usa como una fuente de entretenimiento casi exclusivo.

12/13. Casa/Vivienda: si bien la vivienda es una necesidad básica del individuo, la casa no lo es. Uno podría satisfacer la necesidad de vivienda, por ejemplo, alquilando un departamento.

17. El teléfono celular se ha convertido en una verdadera necesidad (N) el día de hoy. Sin embargo, lo «inteligente» y sofisticado que sea el teléfono será un DC.

20. Gaseosa (agua o jugo con gas): al igual que todas las otras bebidas gasificadas y jugos, es un DC porque beber líquidos es una necesidad básica de los seres humanos. Necesitamos beber agua. Los jugos y gaseosas son una elección más costosa para satisfacer esa necesidad.

22/23. Comidas afuera y turismo: la recreación es una necesidad, pero podríamos recrearnos sin necesidad de comer fuera ni tener que hacer turismo. Esas son elecciones «de calidad» para satisfacer una necesidad básica.

29. Regalos especiales: amar y sentirse amado es una necesidad básica de los seres humanos. Sin embargo, podríamos demostrar nuestro amor hacia otros sin necesariamente tener que comprar regalos. Es una elección para satisfacer una necesidad con una solución de más alta calidad. Por eso es DC.

 Si lo deseas, puedes bajar estas hojas gratuitamente para usarlas con tus amigos y tu familia. Visita el sitio www.andrespanasiuk.com/comollego.

5. El principio de la integridad

Como dijimos al comienzo, la forma en que manejamos nuestro dinero tiene mucho que decir sobre quiénes somos interiormente como personas: las cosas que valoramos, los principios que obedecemos y el proceso de pensamiento que seguimos para tomar decisiones. Es por eso que esta primera parte está diseñada para producir un cambio interior primero, que pueda producir un cambio exterior después.

Debemos sufrir una transformación interior que nos lleve a realizar cambios exteriores por el resto de nuestras vidas. Veamos entonces lo que hemos aprendido hasta ahora:

- Debemos vernos como «gerentes» de lo que tenemos y desprendernos emocionalmente de las posesiones materiales.
- Debemos aprender a ser felices en la posición económica en la que nos encontremos.
- Debemos encarar nuestra vida financiera con perseverancia, mirando toda nuestra vida y no solamente el día de hoy (paciencia + diligencia).
- Debemos aprender a ser ahorradores, diferenciando entre necesidades y deseos.

Clarificación del concepto de la madurez financiera

A veces, cuando viajo por el mundo, escucho a gente hablar sobre el concepto de «inteligencia financiera». Me parece muy apropiado que seamos inteligentes al momento de manejar el dinero y tomar decisiones económicas.

Sin embargo, hoy quiero llevarte a un lugar más profundo: al concepto de la «madurez financiera».

Cuando éramos niños, nuestra madre nos forzaba a tomar la sopa. No solo eso, también teníamos que comer todo tipo de verduras que sabían horribles como espárragos, yuca (mandioca), habichuelas verdes, y hasta algunos de nosotros debíamos deglutir el famoso aceite de hígado de bacalao. Sin embargo, ahora en nuestra edad madura no dudamos en prepararnos una buena sopa o comernos un buen plato de verduras.

¿Qué ha pasado en nuestras vidas? ¿Será que tememos que la mano de nuestra madre nos encuentre, como lo hacía en aquellos días de nuestra niñez, y nos dé una palmada allí donde termina la espalda?

En general, la respuesta es «no». Lo que ha ocurrido es que, a medida que hemos madurado, hemos aprendido un principio importante en la vida: debemos alimentarnos apropiadamente ingiriendo comidas con un alto contenido de nutrientes.

Ahora hemos aprendido a valorar las comidas nutritivas y, aunque nunca antes hayamos probado un determinado alimento, podemos decidir si lo queremos comer o no simplemente haciendo un par de preguntas sencillas antes de probarlo. De esa manera podemos determinar el valor nutritivo del mismo, saber si es bueno para nosotros, si le va a caer mal al hígado y si lo vamos a consumir o no.

Lo mismo ocurre con nuestras decisiones económicas. Es imperativo que maduremos, que crezcamos en nuestro carácter, que no le tengamos temor a sufrir ahora para estar mejor mañana. La gente madura sabe decir «no». La gente madura sabe tomar sabias decisiones cada día que le llevarán por el sendero del éxito.

Yo no puedo tomar esas decisiones por ti. Tú tendrás que hacerlo por tus propios medios. Lo que puedo hacer por ti es mostrarte el camino, pero debes ser tú quien decidas recorrerlo.

La adolescencia social

Uno de los problemas de carácter más recurrentes en la sociedad de consumo de hoy es los millones de adolescentes que tienen entre 30 y 40 años de edad. Es cierto que cronológicamente tienen 35, quizás 37 años, ¡pero mentalmente son adolescentes!

La madurez implica paciencia, integridad, honestidad, transparencia en las relaciones, amor comprometido, compasión por los demás y una buena dosis de dominio propio. Si desarrollamos esas tendencias en nuestro carácter, no hay lugar en el mundo donde no podamos prosperar.

Mi carácter y mis valores en la vida determinarán el rumbo que habré de seguir cada vez que me enfrente con una nueva alternativa financiera. Mi carácter es un búmeran: al final volverá a mí para ayudarme o para golpearme.

Tomás Paine decía: «Carácter, mejor cuidarlo que recobrarlo».[1] Ahora que puedo ver la vida con la perspectiva del tiempo, puedo ser testigo presencial de que, cuando uno pierde la confianza de la gente que lo rodea porque hace lo incorrecto, toma muchísimo tiempo y esfuerzo recobrar esa confianza; y muchas veces es imposible hacerlo.

«Carácter es lo que una persona hace cuando se halla desprevenida, es la mejor indicación del tipo de hombre o mujer que esa persona es», decía C. S. Lewis. «Si hay ratas en el sótano, probablemente te encuentres con ellas si entras en forma repentina. Pero la velocidad con la que han ocurrido las cosas no es lo que ha hecho que las ratas existan, solamente no les ha dado tiempo para esconderse. De la misma manera, la provocación repentina no me hace estar de mal humor; simplemente muestra lo malhumorado que soy».[2]

La mejor forma de saber qué tipo de persona es determinado individuo, dijo alguna vez Abigail Van Buren, es notar (a) cómo trata a las personas que no pueden resultarle de ningún beneficio y (b) cómo trata a aquellos que no pueden contraatacarle.

Una de las marcas más importantes de un carácter maduro es la integridad personal. Stephen Carter, profesor de la Escuela de Leyes de la Universidad de Yale y autor del libro *Integrity*, explica que la integridad requiere de tres pasos concretos:

A. Discernir lo que está bien de lo que está mal (saber qué es lo bueno y lo malo).

B. Actuar de acuerdo a esas convicciones, aun a pesar de tener que pagar un precio en lo personal por hacerlo.

C. Expresar abiertamente frente a otros que uno está actuando de acuerdo a su propio discernimiento del bien y del mal.[3]

Cuando viajo ofreciendo conferencias, especialmente en aquellas que presento para empresarios y políticos, con regularidad defino «integridad» de la siguiente manera:

Integridad es…
Hacer lo que se tiene que hacer,
Cuando se tiene que hacer,
Como se tiene que hacer,
Sin importar las consecuencias.

Nuevamente, y ahora remarcando lo que creo que es importante:

Hacer lo que se tiene que hacer,
Cuando se tiene que hacer,
Como se tiene que hacer,
Sin importar las consecuencias.

Si queremos disfrutar de la Prosperidad Integral, entonces en primer lugar debemos desarrollar un carácter íntegro, sólido. La integridad paga y paga muy bien. Debemos definir lo que está bien y lo que está mal, comprometernos con el bien y aprender a vivir de acuerdo a esos valores cueste lo que nos cueste. Ese es el tipo de hombre o mujer que el mundo admira.

Marco Polo, Gandhi, Martín Lutero, Judas Macabeo, Simón Bolívar, Bernardo O'Higgins, José de San Martín, Martin Luther King Jr., la Madre Teresa de Calcuta y tantas otras personas que admiramos (y que me falta el espacio para nombrarlas) demostraron, justamente, ese tipo de carácter. Ese es el tipo de personas que recordamos a través de los años y de las generaciones, que queremos imitar.

Se dice que Abraham Lincoln declaró una vez: «Tú puedes engañar a todos algún tiempo, puedes engañar a algunos todo el tiempo, pero no puedes engañar a todos todo el tiempo». Esa es una gran verdad. Piensa en ella.

A fin de cuentas, la gente a tu alrededor sabrá quién realmente eres. Sobre todo la gente que se encuentra más cerca de ti.

Dos ejemplos de integridad, una razón por la cual contarlos

Tengo dos historias interesantes que contarte: la primera tiene que ver con Al Capone, uno de los mafiosos más conocidos de la ciudad de Chicago. Yo viví en la bella «ciudad de los vientos» por once años y todos los que hemos vivido allí, de una u otra manera, conocemos historias del famoso criminal de los años veinte.

Resulta que uno de los abogados de Al Capone se llamaba «Easy» Eddie (Eduardo «el Tranquilo»). «Easy» (se pronuncia «Isi») tenía fama de ser uno de los mejores y más sagaces abogados en todo Estados Unidos. Tal era su capacidad para manejar casos difíciles que el gobierno de Chicago y el gobierno federal habían invertido cantidades enormes de dinero para encarcelar a Al Capone sin mucho éxito.

Al Capone, por su parte, premiaba a su inteligente abogado con un sueldo respetable, lujos, poder político y hasta una casa que cubría toda una manzana en las afueras de la ciudad de Chicago.

«Easy» Eddie tenía un hijo. Eddie amaba profundamente a su hijo. Imagino que, como todo padre, trataba de enseñarle la diferencia entre el bien y el mal, por lo que le proporcionaba una buena educación, dinero, vacaciones periódicas, la mejor vestimenta de moda, automóviles, etc. Sin embargo, había una cosa que «Easy» no podía darle a su heredero: un buen nombre.

Los amigos de su hijo lo confrontaban con la triste realidad de que su padre era el que estaba permitiendo que un gánster como Al Capone continuara robando, matando y corrompiendo a la sociedad.

«Easy» Eddie lo pensó por un tiempo. Bastante seriamente. Un día, decidió que ese no era el ejemplo que les quería dejar a sus hijos (ya maduros) y a sus nietos. Eddie hizo contacto con las autoridades y se entregó a la policía para hacer lo que era correcto, a pesar de las consecuencias. Fue gracias a su colaboración con el FBI y su testimonio en la corte que, finalmente, el gobierno norteamericano colocó a Al Capone tras las rejas.

El abogado «Easy» Eddie fue acribillado a balazos un mes antes de que Al Capone saliera de la prisión.

La segunda historia tiene que ver con un desconocido piloto de la fuerza aérea norteamericana.

El 20 de febrero de 1942, durante una de las batallas en el Pacífico, el portaaviones *Lexington* —al cual su escuadrón estaba asignado— recibió órdenes de atacar posiciones japonesas en

Nueva Guinea. Desafortunadamente para los norteamericanos, la nave de guerra fue detectada por los japoneses unos 600 kilómetros antes de llegar a destino. No mucho después, los aviones *Wildcats* del Lexington entraron en combate con dieciocho bombarderos japoneses.

Los primeros nueve fueron destruidos por los *Wildcats*, pero cuando la segunda tanda de bombarderos llegó a las inmediaciones del Lexington, solamente este joven piloto y su compañero de ala estaban lo suficientemente cerca de la formación japonesa para defender la nave.

Para colmo de males, las ametralladoras del avión del piloto de flanco se trabaron y nuestro joven piloto quedó absolutamente solo frente a los nueve bombarderos enemigos. En un acto de heroísmo absoluto, este piloto apuntó su *Wildcat* hacia los bombarderos enemigos y, en medio de una verdadera lluvia de balas, atacó de frente a toda la formación.

En su primera pasada, derribó su primer bombardero y, mientras este caía al agua, ya estaba derribando al segundo. Sin descanso, se volvió al resto del grupo y derribó tres más, y cuando se le acabaron las municiones utilizó su propio avión como arma para tratar de golpear las alas de los japoneses y eliminar a los demás. Su ataque fue tan efectivo que retrasó el ataque nipón y le dio tiempo al resto del escuadrón estadounidense para llegar y eliminar a los que quedaban.

Ese día, aquel joven piloto norteamericano salvó a su portaaviones y defendió la vida de todos sus camaradas. Por ese acto de valentía y renuncia personal fue ascendido a Teniente Comandante y recibió la más alta condecoración que ofrece el Gobierno y la Marina de Estados Unidos: la Medalla de Honor (la primera otorgada a pilotos de la marina en la segunda guerra), para luego recibir también la Cruz de la Marina (*Navy Cross*) y la medalla del Corazón Púrpura (*Purple Heart*).

Ese joven piloto se transformó entonces en uno de los héroes más conocidos de la Segunda Guerra Mundial. Su nombre es «Butch» O'Hare. Nombre, que para honrar su memoria, lleva hoy el aeropuerto de la ciudad de Chicago, uno de los más grandes del mundo.

¿Por qué te conté estas dos historias? ¿Qué tienen en común?

Lo que tienen en común es que «Butch» O'Hare era el hijo de «Easy» Eddie.

No hay un legado más precioso que podamos dejar a nuestros herederos que el ejemplo de un carácter sólido... a pesar de las consecuencias. Piénsalo.

Para poner en práctica

Clarificar cuáles son las cosas que valoramos en la vida es un paso muy importante para darnos cuenta de cómo tomamos decisiones financieras.

Por ejemplo, todos consideramos importante la obediencia a las leyes de nuestro país (nos enojamos cuando alguien se hace rico violándolas). Sin embargo, para algunos de nosotros esa obediencia a las leyes nacionales nos dura hasta el momento en el que tenemos que pagar impuestos. Allí la cosa cambia.

Entonces nos damos cuenta de que valoramos más nuestro estado económico que la lealtad a las leyes impositivas.

Encontré en algún cajón de mi escritorio un interesante ejercicio sobre clarificación de valores que cayó en mis manos hace años y que me gustaría compartir contigo a continuación. Coloca una «x» a la derecha de las diez palabras que representen aquellas cosas que más valores en la siguiente lista de ideas. Luego coloca un número «1» junto al valor más importante de la lista de los diez que seleccionarás primero.

Afecto (cariño, amor, cuidado de/por otros)		**Desarrollo personal** (uso del potencial como persona)		**Placer** (diversión, entretenimiento, disfrutar de la vida)	
Amistades (relaciones cercanas con otros)		**Estabilidad económica**		**Poder** (control, influencia)	
Amor propio (orgullo por logros, integridad personal)		**Fama** (llegar a ser muy conocido)		**Posición social** (estatus, respeto de los demás)	
Avance laboral (ascensos, promociones)		**Familia**		**Responsabilidad personal**	

Aventuras (nuevas experiencias desafiantes)		Integridad (honestidad, sinceridad)		Sabiduría	
Ayudar a los demás		Lealtad (obediencia, deber)		Salud (mental y física)	
Capacidad económica (tener dinero, cosas de valor)		Libertad (independencia, autonomía)		Seguridad social	
Creatividad (desarrollo de nuevas ideas)		Logros personales (sentimiento de haber logrado algo)		Sentido de pertenencia (sentirse amado por novio/a, pareja).	
Competencia (ganar, arriesgarse)		Orden (tranquilidad, estabilidad)		Vida espiritual (relación con un Ser Supremo/ Creador)	
Cooperación (trabajo en equipo)		Paz interior (estar en paz consigo mismo)			

Aquí hay dos hermosos videos sobre el tema de la integridad personal. Espero que los disfrutes.

Video 1: Un ejemplo de integridad[4]

Video 2: La integridad[5]

También puedes encontrar un enlace a estos videos, si los quieres ver en la computadora o quisieras compartirlos con otros, en la página www.andrespanasiuk.com/comollego.

El problema de la ética situacional

El problema de la ética situacional es que las cosas están bien o mal, dependiendo de la situación y no de valores absolutos. Desde que hemos dejado a un lado los valores absolutos y vivimos en un mundo de relatividad moral, nos acomodamos a las situaciones como mejor nos convenga. Los latinoamericanos no somos una excepción a este problema, y muchas veces al actuar con este tipo de ética nos metemos en dificultades.

Cuántos de nosotros hemos sido víctimas de estafa. A cuántos se nos ha dicho: «No te preocupes, ni bien cobro te devuelvo todo lo que me prestaste»; o: «La semana que viene voy a tener todo el dinero para pagarle la renta, señora, ¡se lo juro!»; o quizás: «Este es un negoción, hermano, es un negocio perfecto, ¡no se puede perder!».

Sin embargo, la realidad es que todavía estamos esperando que se nos devuelva el dinero prestado, que se nos pague el alquiler atrasado, y ni siquiera queremos hablar de la cantidad de dinero perdido en el negocio que nos propusieron.

No quisiéramos hacer de este un libro filosófico, aunque enfrentamos el peligro de que así sea cuando comenzamos a hablar de temas como este. Solo mencionaré ideas filosóficas en la medida en la que afecten la forma en la que tomamos decisiones económicas y, por lo tanto, no nos permitan llegar a fin de mes o disfrutar de la Prosperidad Integral.

Por eso es que voy a definir el hecho de decir la verdad como «decir las cosas como en realidad son». Y vamos a hacer énfasis en cuanto a decir la verdad, cueste lo que cueste.

Por ejemplo, aprender a decirle al prestamista: «No te preocupes. Te voy a devolver cada centavo que te debo. No sé cuándo, porque estamos muy apretados económicamente ahora; pero puedes tener la seguridad de que, aunque me tome el resto de mi vida, te lo voy a pagar todo», en vez de prometer lo que sabemos que no vamos a poder cumplir a menos que ocurra un milagro.

Lecciones de nuestra niñez

Recuerdo, cuando pequeño, que había un juego que se llamaba «verdad o consecuencia». Si no se decía la verdad con respecto a una determinada pregunta, se debía sufrir una «consecuencia» que la elegían generalmente los demás participantes del juego. Es interesante darse cuenta cómo lo que jugábamos siendo niños tiene tanto que enseñarnos cuando llegamos a la edad adulta.

Por desdicha, algunos de nosotros a través de los años sufrimos un reentrenamiento filosófico. Por ejemplo, la enseñanza materna de decir siempre la verdad, de hacer el bien y evitar el mal, se transforma en la enseñanza escolar basada en la ética situacional que dice que no existen los absolutos y que las cosas están bien o mal de acuerdo a la circunstancia.

Cuando uno viaja con regularidad o vive en una gran ciudad como Lima, Miami o Santiago de Chile se da cuenta de que hay muchas y diferentes formas de hacer las cosas alrededor del mundo. Diversas culturas tienen distintas costumbres y diferentes países tienen formas disímiles de hacer las cosas. Sin embargo, en medio de esa diversidad global que vemos hoy, afirmar que no existe el bien y el mal o que no hay formas correctas e incorrectas de actuar con nuestro prójimo es «vivir en el País de las Maravillas», no muy en contacto con la realidad.

La existencia del bien y del mal es una de las piedras fundamentales del orden social que vivimos en el mundo actual. Otra piedra fundamental es que para cada acción existe una reacción y para cada decisión una consecuencia.

Quizás sea porque, justamente, queremos evitar las consecuencias de nuestras acciones que no decimos la verdad. Pero esa actitud, por lo general, termina teniendo un costo material, personal, social y espiritual más grande del que originalmente no estábamos dispuestos a pagar.

¿Qué hacer cuando hemos hecho algo incorrecto?

Lo bueno de vivir en culturas como la nuestra es que creemos en el concepto de la «gracia», la «misericordia» y la «restauración». No todas las culturas alrededor del mundo tienen historias y tradiciones de perdón y restauración. Muchas, todavía están atrapadas en el «ojo por ojo y diente por diente» y se mueven a través de la venganza.

Sin embargo, nosotros hemos crecido en una sociedad en la que creemos que la gente siempre merece una segunda oportunidad, y eso es bueno. Seamos religiosos o no, el concepto de que podemos ser perdonados y podemos ofrecer perdón está muy arraigado no solo en la cultura, sino en las leyes de nuestros países también (por eso tenemos leyes de «quiebra» o «bancarrota»).

¿Qué podemos hacer, entonces, si hemos hecho algo incorrecto (sea en la vida personal o de negocios)? Lo que yo recomiendo, normalmente, son cuatro palabras: arrepentimiento, confesión, conversión y restitución.

Primero, es importante arrepentirse con sinceridad. Asumir la responsabilidad personal por las acciones cometidas. No culpar a los empleados, la familia, el clima, las circunstancias... ¡o la suegra! Entender realmente lo que hicimos, qué principio o valor violamos, y decirnos: «Eso no estuvo bien, no lo tendría que haber hecho».

Segundo, es importante reconocer verbalmente el error y decírselo a la persona, negocio o institución de gobierno afectada. Puede que ya lo sepan y que ellos mismos hayan venido a hablar con nosotros. En vez de pelear y defendernos, lo mejor es reconocer que uno obró incorrectamente y pedir, con franqueza, su disculpa o su perdón.

Tercero, es importante pensar en cómo es que vamos a cambiar la manera en la que nos comportamos. Uno no solo debe arrepentirse y pedir perdón. También las cosas deben cambiar de tal forma que no volvamos a cometer el mismo error en el futuro. Esto cimentará la paciencia que otros han tenido con nosotros y sanará nuestra relación.

Por último, si es necesario, es importante hacer «restitución» por el daño cometido. Por ejemplo, si le hemos cobrado dinero de más a algún cliente, devolvérselo (con intereses). Si nuestra acción causó alguna pérdida, ofrecernos a pagar por los daños provocados. Si nuestro servicio o producto no fue de la calidad esperada, regalarle el servicio, el producto o darle un cupón para redimirlo gratuitamente en el futuro.

Sé que el concepto de «restauración» es de otro planeta (especialmente si tenemos que perder dinero). Sin embargo, he notado a lo largo de los años que la gente y las empresas que practican la restitución terminan siendo mucho más saludables que las que no la practican.

La integridad paga muy bien

Hace muchos años atrás la empresa de aviación Douglas estaba compitiendo con la Boeing para venderle a la aerolínea Eastern sus primeros jets. Se dice que el conocido héroe de guerra Eddie Rickenbacker, en ese tiempo presidente de la junta directiva de Eastern, le dijo al señor Donald Douglas que las especificaciones que le había dado para sus aviones demostraban que los DC-8 eran tan buenos como los de Boeing, excepto por la cantidad de ruido dentro del avión. Rickenbacker entonces le dijo a Douglas que le daría una última oportunidad para mejorar su propuesta y presentar mejores números que los presentados por Boeing en cuanto a ese factor.

Luego de consultar con sus ingenieros, Douglas llamó a Rickenbacker y le dijo que la verdad era que no podía prometer que sus aviones tuvieran menor cantidad de ruido en la cabina. Rickenbacker entonces le contestó: «Ya lo sabía. Solo quería ver si todavía eras honesto», ¡y firmó con él un contrato por 135 millones de dólares![6]

A lo largo de los años me he encontrado con empresarios en Latinoamérica, en África y en el sudeste asiático que son extraordinariamente exitosos —a pesar de que en sus países la corrupción era rampante— pero que hicieron crecer sus empresas mediante un profundo compromiso con la honestidad y la integridad.

Recuerdo que hablé con uno de esos amigos que tiene una compañía multimillonaria en un país latinoamericano (en realidad, es la más grande del ramo en su país). Fui a celebrar con ellos su vigésimo quinto aniversario. Allí estaban representados los mayores proveedores de Estados Unidos y algunos de sus clientes más grandes en su propio país.

Fue entonces que le pregunté a mi buen amigo cómo había construido esa empresa con sólidos principios y valores a pesar de los desafíos éticos que había en el mundo de los negocios (y en el gobierno) de su país. Me miró y me dijo: «Mira Andrés, te voy a decir la verdad. No fue fácil al comienzo, porque nos habíamos comprometido *a muerte* a no pagar sobornos y a pagar nuestros impuestos como se debía».

Luego, con un brillo de alegría en los ojos me dijo: «Pero con el tiempo, comenzamos a atraer a clientes y proveedores que eran como nosotros: gente de palabra. Eso hizo los negocios cada vez más fáciles y más rápidos. Ahora, los proveedores más grandes del mundo quieren trabajar con nosotros. Saben que sus ganancias no serán tan grandes, pero están absolutamente seguros de que no los vamos a defraudar».

La verdad trae sus consecuencias. Las mentiras también

Oí una vez, en alguna conferencia, la historia de un padre que estaba enfrentando problemas con su hijo en cuanto a la mentira. Él le decía al jovencito que estaba faltando a la verdad con cierta regularidad, mientras que el hijo se defendía diciendo que no lo hacía.

Para demostrar su caso, el padre llegó al acuerdo con su heredero de que, por el espacio de un mes, cada vez que el hijo fuera hallado diciendo una verdad a medias o una mentira el padre insertaría un clavo en una sólida puerta de madera que se encontraba en el fondo de la casa.

Y así ocurrió: cada vez que el joven era descubierto diciendo algo que no era verdad, el padre —pacientemente— agarraba un martillo y fijaba un clavo en la puerta de madera.

Al transcurrir el mes, tanto padre como hijo se encontraron frente a la famosa puerta para ver los resultados: ¡estaba totalmente cubierta de clavos!

El hijo, arrepentido, le preguntó al padre qué podría hacer. El padre, entonces, sugirió que a partir de ese momento cada vez que el niño eligiera voluntariamente decir la verdad con valentía, a pesar de las consecuencias, su padre iría al fondo de la casa y quitaría uno de los clavos que había colocado sobre la madera.

Esa idea desafió al jovencito a cambiar su actitud y, no mucho tiempo después, el padre se dio cuenta de que estaba quitando el último clavo que le quedaba por remover.

Antes de hacerlo, llamó a su querido hijo para que presenciara la escena y pudieran celebrar juntos. Sin embargo, contrariamente a lo que estaba esperando el padre, su hijo no se veía feliz al terminar la ceremonia de la remoción de los clavos.

«Hijo», le preguntó su padre, «¿no te contenta que hayamos quitado todos los clavos de la puerta?».

«Sí, papá, me alegra que los hayamos quitado», dijo el hijo. «Pero lo que me da tristeza es que, a pesar de haber quitado todos los clavos, allí quedan todavía los agujeros…».

Ese es el problema con las mentiras y con nuestra falta de integridad: a pesar de que más adelante en la vida podamos explicar nuestro comportamiento y pidamos perdón por nuestras acciones, siempre quedarán los agujeros.

Para poner en práctica

Decía Sócrates que una vida sin un constante autoexamen no vale la pena vivirla.[7] Escribe entonces con sinceridad las respuestas a las siguientes preguntas:

«¿Estoy haciendo algo que no es totalmente veraz o estoy involucrado en algo que viola mis principios de vida? ¿Qué es?».

_____

_____

_____

«¿Qué consecuencias podría traerme decir la verdad?».

_____

_____

_____

«¿Cómo voy a hacer para cambiar esta situación?».

_____

_____

_____

_____

_____

_____

_____

6. El principio del amor y la compasión

El amor y la economía

¿Qué tiene que ver el amor con la economía? Mucho. El amor es lo que nos provee el equilibrio adecuado en la sociedad de consumo que nos toca vivir. Nos permite tener la actitud correcta frente a un sistema económico basado en el consumismo. Nos permite saber esperar y entender claramente la razón por la cual comprar. Nos da la capacidad de reaccionar correctamente frente a la injusticia y la estafa. Nos permite poner en práctica el perdón.

Una economía de mercado sin corazón se convierte en una jungla, en la que solamente el más fuerte sobrevive; o se convierte en un mar en el cual el pez más grande se come al chico. ¿Suena familiar la comparación?

Si queremos llegar a experimentar la Prosperidad Integral, debemos empezar a valorar el amor y el compromiso con los demás. La mejor definición que conozco sobre qué es el amor se la he leído a San Pablo en su carta a los griegos que vivían en la ciudad de Corinto e incluye los siguientes valores:

«El que ama, tiene paciencia en todo y siempre es amable,
El que ama no es envidioso, ni presumido ni orgulloso.
No es grosero ni egoísta.
No se enoja por cualquier cosa.
El que ama no guarda rencor.
No aplaude a los malvados sino a los que hablan con la verdad.
El que ama es capaz de sufrirlo todo, de creerlo todo,
de esperarlo todo, de soportarlo todo.
El amor nunca deja de ser».[1]

Siempre me ha gustado esta forma de describir al amor. Creo que necesitamos pensar y hablar más sobre el amor y la compasión entre nosotros. Al estudiar estas palabras más profundamente, nos damos cuenta de que el amor me lleva a tener actitudes que hacen una gran diferencia al momento de ejercitar mi vida económica.

Por ejemplo, cuando tenemos amor, aprendemos a «soportarlo todo». Eso habla de dominio propio, una importante clave para el éxito en el manejo de nuestras finanzas.

Si nos movemos con amor por la vida, no seremos **envidiosos**, ni **presumidos**, ni **orgullosos**, ni **egoístas**. La envidia, la presunción, el orgullo y el egoísmo son «torpedos financieros» en nuestra vida económica. Puede que estemos haciendo todo lo demás con corrección y estemos luchando exitosamente la batalla en la superficie financiera de nuestras vidas. Pero esas «armas submarinas» se acercan silenciosamente por debajo de la superficie y, de un solo golpe, destrozarán todo el trabajo que hemos hecho a través de los años.

La gente que ama a su prójimo tiende a no **enojarse** y no **guardar rencor**. Esas dos cosas son una carga emocional que debemos llevar a cuestas cada día desde que nos levantamos hasta que nos vamos a dormir. Nadie puede ser cien por ciento exitoso y efectivo con una carga emocional como esa. Si no aprendemos a perdonar y a dejar esas cargas en el pasado, nunca podremos disfrutar de la Prosperidad Integral, porque ella implica no solo el éxito en lo financiero, sino también en la vida personal, la vida familiar y la vida interior.

La **bondad**, el **buen trato** a los demás (no ser «grosero»), tener un claro sentido de **justicia** y un **carácter perseverante** (sufrirlo todo, creerlo todo, esperarlo todo, soportarlo todo) nos permitirán crear el ambiente para que ocurran cosas positivas en nuestra vida. Para recibir la ayuda de los demás en el momento de necesidad. Para recibir la mano amiga que nos elevará cuando menos lo esperemos. Para recibir las bendiciones de Dios.

En cada generación tenemos entre nosotros a los «profetas y profetisas del odio». Esos son los líderes comunitarios que promueven la idea de que los cambios deben venir a través de la confrontación. Eso es una falacia, una mentira.

En el mundo ya tuvimos «confrontación» por miles de años. Y eso, a fin de cuentas, nos llevó a matar a sesenta millones de personas durante la Segunda Guerra Mundial y a destruir ciudades con el poder de la bomba atómica.

Fue solamente cuando creamos las Naciones Unidas y nos sentamos a conversar, dialogar, entendernos unos a otros y negociar que el mundo empezó a vivir un período de relativa paz como no la había vivido nunca.

Fue cuando empezamos a trabajar juntos por la pobreza en el mundo que sacamos a millones de personas de la desesperación a la esperanza; y, si Dios quiere, eliminaremos la pobreza absoluta en el mundo (los que viven con menos de $1,90 por día) en los próximos diez años.

El asunto es que el amor es una decisión. No es solamente un sentimiento. Nunca se nos hubiese dicho: «Ama a tu enemigo», si el amor no fuese una decisión. En realidad, lo que siento por los que me ofenden es odio. Pero si los amo, es porque he decidido hacerlo.

El amor es un acto de nuestra voluntad. Así que amemos más.

Escuché en alguna conferencia en Europa, hace muchos años, que hay tres formas de amar.

Uno puede «amar si»:

- Te amo si me amas.
- Te amo si te portas bien (¡eso le dicen las madres a sus hijos!).
- Te amo si satisfaces mis expectativas.
- Te amo si haces lo que yo te digo.

Uno puede «amar porque»:

- Te amo porque me amas.
- Te amo porque eres guapo o guapa.
- Te amo porque tienes recursos económicos.
- Te amo... ¡porque no pude atrapar a ningún otro!

Pero el verdadero amor se expresa en «amar a pesar de»:

- Te amo a pesar de que no me amas.
- Te amo a pesar de que no llenas mis expectativas.
- Te amo a pesar de que estás envejeciendo o no eres tan linda como antes.
- Te amo a pesar de que no eres de mi misma raza o no piensas igual que yo.
- Te amo a pesar de que hoy siento que no amo ni a mi propia madre.

Aprender a amar «a pesar de» no solamente refleja tener un alto grado de madurez en la vida, sino que también amar «a pesar de» es esencial para tener una experiencia de vida mucho más rica y abundante.

El poder de la compasión

«Yo declaro ser nada más que un hombre común,
con capacidades menores que las de un hombre promedio [...]
No me cabe la menor duda de que cualquier hombre o mujer
puede lograr lo que yo he logrado,
si realiza el mismo esfuerzo
y cultiva la misma esperanza y la misma fe».[2]

Mahatma Gandhi

Valorar la compasión hacia los demás en la vida está íntimamente ligado con el valor anterior. La compasión hacia los demás es, justamente, el resultado natural de un amor incondicional a nuestro prójimo. Esa es la actitud que hace grande a los países, las sociedades, las familias y los individuos.

Aristóteles dijo trescientos años antes de nuestra era que «cuando algunos poseen una gran cantidad de riqueza y otros no tienen nada, el resultado será una democracia extrema, una absoluta oligarquía o una tiranía que surgirá de cualquiera de esos dos excesos».[3]

El amor al prójimo, la ternura y la compasión nos permiten equilibrar las diferencias sociales y ayudar al necesitado con sus deficiencias para lograr una mejor sociedad en cada uno de nuestros países. No por obligación ni por lástima, sino por compasión.

Estoy convencido de que muchos de los problemas sociales, de injusticia y de pobreza que vivimos en nuestro continente son —justamente— el resultado de la falta de amarnos unos a otros y de sentir verdadera compasión por los necesitados.

El fuerte énfasis «familiar» en nuestro continente, como lo explicara hace años Fukuyama en su libro *La confianza*, nos hace definir el concepto de «familia» en términos que se limitan a mis familiares cercanos y que dejan fuera al resto de la gente que vive en el país. Esa actitud nos lleva a defender y buscar los intereses de la familia sanguínea «a muerte», muchas veces a costa de defraudar a los demás ciudadanos de nuestro país.

Por otro lado, cuando hablamos de ayudar a los pobres, en lugar de tener una actitud de compasión, asumimos una de lástima.

La lástima me coloca en una postura superior a mi prójimo. Por lástima, doy una limosna. Sin embargo, la compasión me coloca *junto* a mi prójimo. Por compasión estoy dispuesto a dar mi vida en pos de un ideal.

Compasión es una palabra compuesta: con pasión, y significa «tener la misma pasión», «tener el mismo sufrimiento que...» o «sufrir con...». Compasión es la habilidad de sentir el mismo sufrimiento que siente la persona que tenemos al lado.

Alexander Solzhenitsyn, el gran poeta y líder de los derechos humanos en Rusia, dijo cuando le entregaron el premio Nobel en 1970: «La salvación del hombre se encuentra solamente en llegar a hacer que *todo* le importe a *todos*». El problema de nuestros días es que a todos no hay mucho que nos importe.

Lo opuesto al amor no es el odio. Ya lo dijimos anteriormente: el odio es un sentimiento, el amor es una decisión.

Lo opuesto al amor es la indiferencia.

El efecto del amor en acción

Para demostrar ternura y compasión uno no necesita gastar fortunas. Solamente tiene que estar dispuesto a colocarse en los zapatos de la persona que tiene al lado y extenderle una mano amiga en el momento de necesidad.

Uno no necesita convertirse en el Dr. Livingston o Judson Taylor, entregando vida y fortuna para viajar por el continente africano o asiático. No hay necesidad de viajar a la India para unirse al trabajo con los leprosos que efectuaba la Madre Teresa en la ciudad de Calcuta.

Solo hace falta desarrollar sensibilidad interna hacia el dolor ajeno. El problema es que, en medio de tanto dolor, a veces nos volvemos insensibles.

Recuerdo luchar con esa situación de insensibilidad frente al dolor cuando mi esposa y yo vivíamos en la ciudad de Chicago y ayudábamos a inmigrantes de habla hispana en un barrio que, en esa época, era uno de los más violentos de la ciudad. Era difícil sentir el dolor ajeno cuando uno estaba rodeado de tanta tragedia. Pero es, justamente, en respuesta a lo vivido durante los once años que pasamos en la «ciudad de los vientos» que hoy me siento a escribir este libro.

Uno nunca sabe a dónde lo va a llevar la vida cuando se enfoca en aquello por lo cual siente una profunda pasión. Puede que lo lleve a cambiar la vida de un familiar o de un vecino. ¡Puede que lo lleve a cambiar el mundo!

Fue por la compasión que sentía por su pueblo que un desconocido sacerdote protestante como Martin Luther King, Jr. se convirtió en el símbolo de los derechos humanos en Estados Unidos de América. Lo mismo le ocurrió a Nelson Mandela en Sudáfrica, que pasó de ser un prisionero con más de veinte años en las cárceles sudafricanas a convertirse en el presidente de su país y liderar a su nación en una transición pacífica del *apartheid* a la democracia.

¿Y qué hablar de gente como Mahatma Gandhi en India, Lucrecia Mott o Alice Paul (luchadoras por la libertad de los esclavos y los derechos de la mujer en Estados Unidos), o Pérez Esquivel en la Argentina, y tantos otros hombres y mujeres como tú y como yo que se abrazaron a la bandera de la compasión para cambiar la situación de sus conciudadanos? ¿Quién sabe lo que puedas llegar a hacer en respuesta a una situación de injusticia que se te presente? Yo tengo muchos amigos que están marcando la diferencia en sus comunidades y países porque han abrazado el principio de la compasión. Pero necesitamos más... ¡muchos más!

Sea que la compasión te lleve a ayudar a una persona o a un pueblo entero, lo importante es desarrollar esa sensibilidad interior que te permitirá enriquecer tu carácter. Recuerda que la prosperidad financiera no significa nada si no va acompañada de una profunda satisfacción interior por marcar la diferencia en la vida de alguien más allá de ti y tu familia en este mundo.

Para poner en práctica

Piensa si hay alguien que está cerca de ti que esté pasando por un momento difícil en la vida. Escribe su nombre a continuación:

_____

_____

_____

_____

_____

¿Qué podrías hacer, en concreto, para mostrar compasión frente a esa situación?

_____

_____

_____

_____

_____

_____

Mira este hermoso video inspiracional sobre el tema de la generosidad.[4] Recuerda: un simple acto de generosidad crea un efecto multiplicador a tu alrededor.

 Aquí hay otro video que me gustaría compartir contigo y que nos ayudará a recordar el carácter generoso de nuestros padres y abuelitos en medio de la necesidad.[5]

 También puedes encontrar un enlace a estos videos para verlos en tu computadora o compartirlos con otros en la página www.andrespanasiuk.com/comollego.

7. El principio del dominio propio

El séptimo y último principio que quiero compartir contigo es el principio del dominio propio. No puede haber Prosperidad Integral sin dominio propio. Hace muchos años alguien me definió el dominio propio como «la habilidad para llevar a cabo algo que se nos ha pedido hacer, para modificar un comportamiento, para posponer una acción y para comportarnos de una manera socialmente aceptable sin ser guiados o dirigidos por otra persona». No recuerdo quién fue, ¡pero tenía mucha razón!

El dominio propio es un elemento esencial y una marca clara del carácter maduro de un individuo. Sin él, es imposible hacer un plan financiero y llevarlo a cabo. Sin dominio propio es imposible poner en práctica los secretos e ideas que te compartiré en unas cuantas páginas más.

La derrota en esta área de nuestras vidas es la razón más común por la que organizaciones de orientación y ayuda financiera en los países desarrollados mantienen a decenas de miles de consejeros ocupados todo el año. Vivimos en un mundo que nos empuja a gastar regularmente más de lo que ganamos, y eso nos mete en problemas.

La falta de dominio propio en el mundo de hoy está provocando una cantidad asombrosa de quiebras, tanto personales como empresariales, la más grande en la historia. Te invito a que busques en internet la información sobre el endeudamiento de los individuos y familias en tu propio país, y la cantidad de quiebras o bancarrotas en los últimos cuarenta años.

Para entender la seriedad del problema que tenemos frente a nosotros con respecto al dominio propio solo bastaría observar el crecimiento de la industria que ayuda a la gente a perder peso o la expansión de nuevos problemas de salud que, fundamentalmente, son el resultado de un comportamiento riesgoso, como la drogadicción y las enfermedades venéreas.

Dice un proverbio chino: «Aquel que conoce a otros es sabio, aquel que se conoce a sí mismo es un iluminado. Aquel que conquista a los demás tiene poder físico, aquel que se conquista a sí mismo es verdaderamente fuerte».[1]

«A pesar de haber vencido a un millón de hombres en el campo de batalla», dicen los escritos del budismo, «en verdad, el conquistador más honorable es aquel que se ha conquistado a sí mismo».[2]

Los escritos del judaísmo señalan que «la persona que no sabe dominar sus impulsos es como una ciudad sin murallas y expuesta a peligro».[3] Y los del cristianismo enfatizan que incluso cuando una persona muestra dominio propio, lo hace como fruto de la presencia del «Espíritu Santo» de Dios mismo en su vida.[4] Eso es para pensarlo...

De todas maneras, como podemos ver, no importa la religión que profesemos —si profesamos alguna—, el principio del dominio propio aparece una y otra vez entre los escritos más influyentes en la historia del mundo.

Yo creo que practicar el dominio propio y lograr dominarse a sí mismo en el área de las finanzas está clavado en el corazón de los secretos para lograr la Prosperidad Integral. Te lo digo, también, por experiencia propia. Los dolores de cabeza más grandes en mi vida fueron resultados de no obedecer este Principio «P».

Sin embargo, tú haces lo que tu mente piensa y tu mente piensa lo que tú le dices que debe pensar. Hay una serie de frases de nuestro consumismo popular que se han infiltrado en nuestro vocabulario cotidiano y que nos arruinan las posibilidades de salir adelante económicamente y controlar nuestros impulsos de compra. Permíteme escribir algunos ejemplos:

- «Dese un gusto. ¡Usted se lo merece!».
- «¿Qué le hace una mancha más al tigre?».
- «Compre y ahorre».
- «Compre ahora, pague después».
- «Esta es una oferta especial que no se repetirá jamás en su vida».
- «La última [cuenta] la paga el diablo».
- «Usted *necesita*… (y aquí viene. siempre el artículo que le quieren vender)».
- «Lo importante es disfrutar el hoy».
- «¿Por qué esperar?».
- «¡La vida es *ahora*!».

Esa última fue el lema de una campaña multimillonaria de una famosa bebida que nos animó por años a «vivir el hoy y el ahora» («*Live for Now*», se llamaba en inglés). Si vas a vivir *for now* es muy probable que nunca llegues a tus metas económicas y experimentes serias necesidades *later*. Como ves, las gaseosas también practican la educación financiera, ¡solo que lo hacen mal!

Uno no se debe creer las farsas de aquellos que se quieren enriquecer a costa de nuestro trabajo. Si lo haces, terminarás en la mediocridad. Pero si vas a salir de donde estás, si vas a vivir mejor que tus padres, tus familiares y tus amigos, solamente lo podrás hacer —como decía Einstein— llevando tu mente a un nuevo nivel de pensamiento.

«Siembra un pensamiento y cosecharás una acción», dice un famoso dicho popular, «siembra una acción y cosecharás un hábito, siembra un hábito y cosecharás carácter, ¡siembra carácter y cosecharás un destino!»

La capacidad para concretar tu destino económico está en tus manos: debes tener el ardiente deseo y el absoluto compromiso personal para llevar a cabo tu plan. A estas alturas, entonces, es tiempo de introducir un elemento clave en el control de tu destino económico: el poder de la voluntad.

El poder de la voluntad

Hace algunos años Alicia, una amiga de mi familia, tuvo un ataque de embolia cerebral. Cuando el coágulo de sangre que circulaba por sus venas finalmente se detuvo en el cerebro causando la embolia, la mitad de su cuerpo quedó paralizado. La falta de oxígeno había destruido células críticas para el pasaje de información que le permitían el movimiento de la parte derecha de su cuerpo y del habla.

Dos años y medio más tarde, si uno veía a Alicia por primera vez, nunca se imaginaría que había estado paralizada y muda por casi un año y medio.

¿Qué ocurrió? ¿Cómo se sanó? Bueno, primeramente creo que fue un milagro; pero en segundo lugar, por el maravilloso poder de la voluntad de su cuerpo, ¡aun sin ella misma darse cuenta! La vida es más fuerte que la muerte. Es resiliente.

Desde casi el mismo momento en el que comenzó su tratamiento, su cerebro empezó a buscar formas de contrarrestar el problema de comunicación interna que tenía. El cerebro de Alicia sabía que tenía dificultades para comunicarse con los músculos a fin de llevar adelante las tareas necesarias. También sabía de las células destruidas por la enfermedad. Sin embargo, en vez de abandonarse a «su destino», como muchas personas lo hacen en nuestros países, el cerebro de Alicia comenzó incansablemente a buscar otras rutas de comunicación.

Los doctores y Alicia ayudaron en la tarea proveyendo ejercicios para refinar el trabajo cerebral y, con el tiempo y mucho esfuerzo, ella volvió a caminar, a mover sus brazos y a hablar normalmente.

A pesar de que este no es el resultado de todos los pacientes con ese tipo de enfermedad, la enseñanza que nos deja nuestro cuerpo es que hay una tendencia natural a la lucha y no a la resignación. Nuestro cuerpo luchará por mantenerse funcionando hasta el mismo momento en que el caos total nos cause la muerte.

El solo hecho de que en un accidente perdamos algún miembro importante de nuestro cuerpo no quiere decir que las plaquetas de la sangre no irán a tratar de tapar el lugar por donde está ocurriendo la hemorragia o que los glóbulos blancos no irán a tratar de combatir a los gérmenes que están intentando entrar a nuestro cuerpo. Todo lo contrario. Lo harán y lucharán hasta perecer en la batalla.

Nosotros no estamos hechos para entregarnos al «destino». Estamos hechos para conquistar la tierra y subyugarla. Estamos hechos para ganar.

Uno de los regalos más preciosos que hemos recibido en la vida es el de nuestra voluntad y nuestro poder de decisión.

El ejemplo de Viktor Frankl

Hace algún tiempo, mientras leía a Steven R. Covey en *Los siete hábitos de la gente altamente efectiva,* me encontré con la historia de este conocido psiquiatra judío. Hoy me gustaría compartirla contigo porque creo que viene al tema.

Frankl era un psiquiatra determinista: creía que las cosas que a un individuo le ocurrían cuando niño determinaban cómo iba a ser en la edad adulta. Una vez que los parámetros de la personalidad estaban establecidos no había mucho que se pudiera hacer más adelante para cambiarlos.

Frankl cayó prisionero de los nazis y fue llevado con su familia a un campo de concentración. Casi todos sus parientes perecieron en el campo y aun Viktor fue víctima de numerosas torturas y horribles presiones sin saber si viviría para ver una nueva mañana. Un día, solo y desnudo en un rincón del pequeñísimo cuarto donde lo tenían, descubrió lo que él mismo llamó más adelante «la última de las libertades del hombre» (una libertad que nadie jamás le podría quitar).

Viktor Frankl se dio cuenta de que los nazis tenían el poder para controlar todo su entorno, todo el ambiente en el que se movía, pero no tenían el poder para controlar *cómo* reaccionaría frente a la situación en la que se encontraba. Todavía tenía la libertad de decidir de qué manera le afectaría esa situación interiormente.

Él podía decidir si dejaba que sus circunstancias lo destrozaran emocionalmente o si, en medio de ellas, continuaría creciendo como persona, manteniendo la calidez de su vida interior en medio del crudo invierno del nazismo en su país.

Es cierto lo que dijéramos con anterioridad: para cada acción, existe una reacción; para cada estímulo, una respuesta. Pero Viktor Frankl, en medio de los horrores del campo de concentración nazi, descubrió un principio fundamental de la naturaleza humana: *que entre el estímulo y la respuesta, el ser humano tiene libertad de elección, tiene el poder para decidir.*[5]

Es por eso que muchos de nosotros, cuando adolescentes, tomábamos la guitarra y, durante los recreos que teníamos en la escuela primaria o secundaria, cantábamos con alegría a pesar de que estábamos viviendo las épocas más duras de la dictadura militar en nuestros países. Muchos ignoraban por completo esa situación, pero otros elegíamos ser felices «a pesar de».

Es por eso que la gente se casa en medio de la guerra y los emprendedores comienzan negocios cuando el país está en plena crisis económica.

Tú tienes la libertad de elegir hoy cómo vas a responder a las circunstancias en las que te encuentras. Puedes decidir desesperarte, amargarte, rendirte; o puedes elegir que hoy será el último día en el que el dinero te domine y te amargue la existencia.

Tú puedes elegir hoy mismo disfrutar de calidez interior para contigo y para con los que te rodean, a pesar de estar pasando por un terrible invierno financiero.

Tú puedes decidir hoy mismo, como lo hace tu cerebro, reconocer cuáles son las áreas muertas de tu carácter y determinar que, a partir de hoy, cueste lo que cueste y lleve el tiempo que lleve, vas a encontrar una nueva ruta para llegar a tus metas.

Puedes hacerlo. Fuimos creados para conquistar la tierra, no para ser arrasados por las circunstancias.

Hagámoslo juntos.

Para poner en práctica

¿Cómo vamos a empezar a trabajar, concretamente, en el dominio propio a nivel financiero? Siete cosas para considerar:

A. Revisa los principios de la prosperidad y los valores que acabamos de explicar. Escríbelos abajo. ¿Cuáles necesitas incorporar a tu vida?

_____

_____

_____

B. Haz una lista de las cosas que necesitas cambiar en tu comportamiento financiero: ¿Tomas decisiones demasiado rápido? ¿No consultas con otros? ¿Compras compulsivamente? ¿No tienes un plan para controlar tus gastos? ¿Necesitas trabajar en algunos Principios «P» de los que hemos estado hablando? Básicamente: ¿Qué debes cambiar en tu «ser» con respecto al dinero y a la vida?

_____

_____

_____

_____

_____

_____

_____

C. Escribe el nombre de una persona que admiras y a la que le ha ido bien económicamente. Pregúntale si estaría dispuesto o dispuesta a darte consejos en tu vida económica. Elige un mentor o una mentora.

_____

_____

_____

D. Escribe abajo los cambios de actitud que quieras lograr o los sueños que quieras alcanzar. Aquí hay varios ejemplos: «Voy a tener un "tiempo de quietud" todas las mañanas para meditar», «Nunca voy a comprar algo que valga más de $300 sin pensarlo por lo menos veinticuatro horas», «Cualquier gasto que sea más de $50 lo voy a consultar primero con mi cónyuge», «Vamos a estar libres de deudas en cinco años», «Voy a perder quince kilos de peso», «Vamos a tener nuestra casa propia en siete años», «Vamos a comprarnos un auto para la familia», «Vamos a vivir dentro de un plan de control de gastos», y cosas por el estilo.

_____

_____

_____

_____

_____

_____

_____

_____

E. Ahora, escribe estas decisiones en un pedazo de papel y colócalo junto a tu cama. Léelo todos los días, antes de ir a dormir y como lo primero al levantarte. No hagas nada más al principio. Con el correr de las semanas, si eres coherente, tu mente empezará a trabajar para encontrar formas creativas de hacer realidad esas metas. En la medida que las alcances, tacha la meta con una raya roja. Cuando completes tus metas, envíame una copia de tu lista. Quiero enviarte una carta personal felicitándote por haberlo logrado.

F. Comienza inmediatamente a poner en práctica los consejos que vienen a continuación. Necesitas, ya mismo, comenzar a cambiar tu «ambiente económico». Un ambiente ordenado siempre lleva a pensamientos ordenados.

G. Cambia las malas amistades y disminuye al mínimo el contacto con aquella gente que te sea dañina en el proceso de crecimiento que estás comenzando hoy. Recuerda que «la desgracia siempre busca compañía». Esos que están en desgracia tratarán de que te quedes con ellos. Se burlarán de ti y se reirán de que estés tratando de ordenar tu vida económica. Aquí no estamos hablando de aquellos que son más pobres en dinero (a ellos, debes mostrarles compasión), estamos hablando de aquellos que son pobres de carácter y que preferirían verte fracasar. Evítalos.

Segunda Parte

Siete ingredientes para la prosperidad

«Algunas personas ven las cosas como son y se preguntan: *¿Por qué?* Yo veo las cosas como podrían llegar a ser y me pregunto: *¿Por qué no?*».[1]

Robert Kennedy

Nunca vamos a salir de la mediocridad en la que estamos y alcanzar la Prosperidad Integral a menos que estemos comprometidos con la tarea de hacerlo y, para ello, vamos a tener que hacer cosas diferentes. De nada sirve decirnos a nosotros mismos que «no hacemos las cosas de esta manera» o «nunca lo hemos hecho así».

Pues por eso estás donde estás en la vida: porque no has hecho las cosas de esta manera y porque no las has hecho antes. Si las hubieras hecho, ¡probablemente todo sería diferente!

Por tanto, quiero compartir contigo estos siete ingredientes que creo que son esenciales para obtener la estabilidad económica a corto y largo plazo. Podría recomendarte muchos más, pero pienso que estos son los mejores para empezar a caminar en sanidad financiera. Te los menciono todos juntos y luego te los explico uno por uno. Ellos son:

1. Desarrolla un plan para controlar gastos.
2. Establece metas y límites económicos.
3. Vive los Principios «P» hasta las últimas consecuencias.
4. Aprende a compartir.
5. Paga todos tus préstamos.
6. Prepárate para la edad madura.
7. Planea la distribución de tu herencia.

Deseo aclarar que estos son ingredientes y no «pasos» para el éxito económico. No debes pensar en esperar a implementar el primero para luego seguir con el segundo, el tercero y así sucesivamente.

Para eso, si quieres saber el orden en el tiempo de lo que deberías hacer, entonces consíguete el libro *Un equipo ganador*, también publicado por el Grupo Nelson (parte de HarperCollins), y mira allí una herramienta llamada «El mapa de la vida».

 Puedes descargar *el mapa de la vida* en la página web asociada con este libro o también lo puedes encontrar en la *app* llamada Cultura Financiera.

Como te decía antes, estos no son pasos. Son como los ingredientes que nuestra abuelita mezclaba para hacer un pastel: todos deben estar presentes al mismo tiempo para que el pastel salga sabroso. Si falta un ingrediente, puede que no te salga tan bien o, incluso, ¡puede que fracases totalmente! (en especial si olvidas la levadura).

1. Desarrolla un plan para controlar gastos

Cuando comencé a enseñar finanzas personales en Chicago, yo hablaba de hacer un «presupuesto». Pero luego de varias charlas, me encontré con gente que me decía: «Andrés... ¿cómo voy a armar un presupuesto ¡si no tengo nada que presupuestar!? Desde entonces, vengo hablando de hacer un «plan para controlar gastos», no un presupuesto. Porque puede que no tengas ningún ingreso, ¡pero todavía tienes gastos!

También, hablamos de un «plan para controlar gastos» porque el concepto de manejo del dinero que voy a compartir contigo tiene que ser adaptado a tu situación particular, en el país en donde vives. Quiero animarte a que tengas un plan.

Quizás eso signifique que el «plan» incluya la creación de un presupuesto y deba ser calculado anualmente en dólares; quizás, deba ser revisado cada dos o tres meses; quizás signifique que no tengas que tener un presupuesto en absoluto, sino que tengas que desarrollar un plan propio para manejar sabiamente tus entradas económicas.

Lo importante es que tengas un plan.

Permíteme contarte un buen ejemplo. Tengo un amigo que se llama Juan Pablo. Es un profesional que vivió en la república Argentina durante los años difíciles de la hiperinflación. Juan Pablo no tenía un presupuesto familiar, pero tenía un plan para controlar su dinero.

Todos los meses, cuando cobraba su sueldo de profesional, Juan Pablo lo cambiaba inmediatamente en dólares estadounidenses. Digamos, por ejemplo, que le alcanzaba para comprar mil dólares ($1.000). Colocaba los dólares en un sobre y con su tarjeta de crédito compraba inmediatamente todo lo que necesitaba para vivir ese mes. Supongamos que se gastaba los mil dólares en esos gastos a principio del mes.

La tarjeta tardaba cuarenta y cinco días para cobrar esas compras. Para entonces, con la tremenda devaluación del peso, el dinero que había gastado un mes y medio atrás ya no valía mil dólares. Ahora valía unos 600 o 700 solamente.

Entonces Juan Pablo, para no tener que pagar intereses astronómicos, cada mes religiosamente tomaba del sobre que tenía debajo de la cama los 600 o 700 dólares que necesitaba cambiar para pagar completamente su deuda y, automáticamente, ¡se quedaba con 300 o 400 dólares en el bolsillo!

Esta es una historia real. En el momento en el que la mayoría de la gente en Argentina estaba en una situación de crisis, Juan Pablo ahorraba hasta 400 dólares por mes y pudo comenzar a construir su casa. Es cierto que no todos los argentinos eran profesionales y ganaban el sueldo de mi amigo. Pero la moraleja de la historia es que Juan Pablo tenía un plan: entendió la situación en la que se encontraba y le encontró «la vuelta» al asunto.

Si uno recorriera nuestros países latinoamericanos podría encontrar miles de historias como la de mi amigo argentino. Estoy seguro de que conoces alguna también. Creo que algún día voy a hacer una compilación de esas historias de «éxito en medio de la tormenta» para animarnos mutuamente con el ingenio y la creatividad que demostramos los latinoamericanos frente a situaciones económicas que han sido, realmente, de vida o muerte.

Hay un antiguo proverbio del Medio Oriente que dice algo así como: «Los planes del diligente llevan a la abundancia, pero todo el que se apresura alocadamente seguro que termina en la pobreza».[1] Esa es una gran verdad. Cuanto más tiempo paso enseñando finanzas a la gente alrededor del mundo, más me convenzo de que a la gente con un plan las cosas le van siempre mejor.

Si vives en Estados Unidos, Canadá o la Unión Europea estas recomendaciones para armar un plan son exactamente lo que necesitas para manejar tus finanzas apropiadamente. Los porcentajes sugeridos son para una familia de cuatro personas que ganan un salario promedio en Estados Unidos. Si no vives en Norteamérica o Europa, no les prestes atención. Las hemos compartido en beneficio de las decenas de millones de hispanoparlantes que sí viven allí.

En esta sección vamos a aprender a armar un plan para tu familia, para ti mismo e, incluso, podrías adaptar este material al plan de gastos de un negocio o una organización filantrópica como una iglesia, un club social o una organización de beneficencia.

La importancia del orden

Nosotros debemos planear, porque el ser humano ha sido creado con una tendencia natural hacia el orden. El universo tiene una disposición, el sistema solar tiene un arreglo, existen leyes en la naturaleza que proveen orden al mundo que nos rodea, el cuerpo humano tiene un orden tan impresionante que todavía nos cuesta trabajo entender cómo tanta complejidad puede funcionar con tanta armonía.

El orden es la «piedra angular» de tu éxito económico.

No podrás disfrutar de la Prosperidad Integral si no tienes orden, especialmente en tus finanzas. No existe ninguna empresa exitosa en el mundo que no tenga un alto nivel de orden, y aquellas que lo perdieron, por más grande que hayan sido, terminan en la bancarrota.

La sociedad tiende a establecer el orden. Por eso existen las leyes y los poderes gubernamentales legislativos, ejecutivos y judiciales. Creemos que las luces de tránsito hacen nuestra vida más lenta, pero en realidad hacen el tránsito más rápido (por eso existen).

Permíteme que te cuente algo en lo que vengo meditando hace tiempo. Creo que en nuestras mentes, el orden es más importante que la libertad. Uno solo debe observar cómo los ciudadanos de un país estamos dispuestos a entregar rápidamente nuestras libertades personales y constitucionales para reestablecer el orden y la paz en la nación.

Esta no es una opinión política. Es simplemente mi observación personal frente a procesos que nos ha tocado vivir alrededor del mundo cada vez que perdimos el orden social. Solo hay que ver los profundos cambios que ha vivido Estados Unidos en el tema de las libertades personales luego del ataque a las torres gemelas de Nueva York el 11 de septiembre de 2001. Es para pensarlo.

En el fondo del alma, los seres humanos ansiamos el orden. Y cuando no lo tenemos, nos estresamos.

Imagínate que en este libro, a pesar de tener el total de sus páginas impresas, estén mal encuadernadas, sin orden alguno. Te frustrarías y lo devolverías.

No hay ningún barco en el mundo que no zarpe de un puerto sin tener asignado un puerto de llegada. No hay ningún avión comercial que no levante vuelo en un aeropuerto sin saber a qué aeropuerto habrá de arribar. No existe ningún libro que se comience a escribir sin una idea de lo que se quiere decir. No hay ninguna boda que haya de comenzar sin tener como meta casar a una pareja.

Todo tiene orden. El universo entero tiene orden y, por eso, tú puedes disfrutar de las herramientas y ayudas que te ofrecemos en este libro. Todos necesitamos de cierta congruencia en nuestras vidas. El ser humano tiene una tendencia interior a buscar el orden en medio del desorden.

Es por eso que compraste este libro. Porque sabes que hay áreas de tu vida económica que pueden estar mejor ordenadas; y si lo están, pueden traerte beneficios a la familia y a ti. Tú y yo, entonces, vamos a buscar el orden en tu vida financiera. Juntos podemos ordenar tu economía.

Cuatro recomendaciones

Permíteme compartirte cuatro sencillas recomendaciones para armar un plan de control de gastos y mantenerlo al día. Te las menciono y las explico:

A. Toma todo un día, una vez al año.

B. Compara tus gastos con tus entradas reales.

C. Compara tus gastos con los que te sugiero.

D. Establece un plan familiar personalizado.

A. Toma todo un día, una vez al año

Todos los años, entre Navidad y Año Nuevo por ejemplo, separa un día para hablar de tu vida financiera personal o familiar. De esa manera, cada año puedes actualizar tu plan. Si hay inflación en el país, puedes actualizarlo dos o tres veces al año.

Sin embargo, la primera vez establece una cita treinta días después con tu pareja (si es que tienes) o con una persona de confianza que te pueda dar una ayuda desinteresada con tus planes financieros. Probablemente vas a necesitar tomar todo un día de vacaciones la primera vez, porque el proceso del armado del plan dura unas cuatro o cinco horas, por lo que te recomiendo que no tengas niños en la casa cuando lo hagas.

En la reunión que tendrás con tu cónyuge o la persona de confianza el mes que viene, saquen los papeles de la caja, divídanlos por categorías (las que están en el formulario que mostraré más adelante), y entonces tendrán una idea más clara de cómo se les va el dinero en la casa y a dónde se va.

B. Compara tus gastos con tus entradas reales

Cuando termines de reunir los recibos y sumarlos (o cuando analices tus finanzas con un software), te darás cuenta de la verdad: si estás gastando más de lo que estás ganando o no.

Recuerda que el secreto para el manejo de las finanzas familiares no está en la cantidad que ganamos, sino en la cantidad que gastamos.

Hay una ley *casi* natural en el manejo de las finanzas: nuestro nivel de gastos siempre se incrementa en una relación directamente proporcional a nuestras entradas. Básicamente: cuanto más ganamos, más gastamos. Aunque nos hayamos prometido que íbamos a ahorrar el aumento de sueldo que nos proporcionó nuestro jefe hace tres meses.

C. Compara tus gastos con los gastos que te sugiero (solo para los que viven en Norteamérica y Europa)

Nosotros te proporcionaremos, en esta sección, los porcentajes de un plan sugerido para una familia tipo. De esa manera, sabrás qué porcentaje de tu *dinero disponible* (DD) deberías estar gastando en cada categoría. Yo no recomiendo que transportes estos porcentajes a tu país si no vives en Norteamérica ni Europa.

En muchos países hay un plan de gastos sugerido por el gobierno. Generalmente es el departamento de hacienda el que presenta y define cuánto debería estar gastando una familia tipo en la canasta familiar básica en cada país. Busca, si te interesa, esa información por parte de tu gobierno en internet.

Sin embargo, si sigues los pasos que te vamos a recomendar un poco más adelante, en realidad no necesitas comparar tus gastos con nuestras sugerencias; solo compara tus gastos con tus ingresos. ¡Así de simple!

D. Establece un plan familiar personalizado

Es importante que tu plan sea el tuyo, no el nuestro. Cada familia es un mundo en sí misma, y las circunstancias personales y familiares son muy diferentes de una familia a otra.

Lo importante es que cuando sumes todos los porcentajes de tu «plan de control de gastos», el total equivalga al 100 % de tu *dinero disponible* y no al 110, 120 o 130 %.

En el mundo de hoy, los individuos y las familias están bajo fuertes presiones sociales y de mercadotecnia para gastar más de lo que ganan. Como es de suponerse, esto está trayendo problemas bastante serios y altos niveles de estrés a nuestras parejas e individuos en todo el mundo.

Cómo hacer el «plan de control de gastos»

Hacer un plan para controlar tu dinero no es muy complicado. Millones de personas como tú alrededor del mundo ya han aprendido a hacerlo. Simplemente tienes que recordar y poner en práctica cinco palabras:

A. Comprométete

B. Colecciona

C. Compara

D. Corrige

E. Controla

A. Comprométete

Lo primero que debes hacer para estructurar un «plan de control de gastos» exitosamente es establecer con exactitud la fecha en la que vas a cumplir con la recomendación número uno que te acabo de dar más arriba: hacer una cita, de aquí a 30 días, con tu pareja o alguien de confianza. Todo un día. Sin hijos. Piensa, ¿cuándo puede ser esa fecha?

Escríbela aquí: _____

La razón por la que necesitas hacer esa cita, de acá a no menos de 30 días, es que en estas semanas que vienen vas a necesitar reunir información sobre cómo estás gastando realmente el dinero. Para eso, puedes usar un *software*, puedes usar una *app* que te indique cómo has gastado el dinero en los últimos 30 días o puedes hacer un ejercicio sencillo que recomiendo a lo largo y ancho del continente.

B. Colecciona (o recopila)

Ahora necesitas recopilar información para diseñar un plan inteligente. El propósito del orden es manejar información, ya que esta es poder, ¿no es cierto? En este caso, es poder para cambiar tu futuro económico.

Hay dos maneras eficaces de recopilar información para saber exactamente adónde va el dinero de la casa. Debes elegir la que te resulte más fácil. Esto no afectará el resultado de la recolección de información.

La primera es usar la tecnología de tu teléfono o tu computadora.

Si te resulta más cómodo usar el teléfono, busca en la tienda de *apps* una aplicación con la que puedas manejar el dinero. Simplemente comienza una búsqueda con la palabra «presupuesto» y elige la aplicación (o «aplicativo», como lo oí llamar en algún país en los últimos meses) que más te guste. Algunas características recomendadas son:

- Segura
- Sencilla, fácil de usar
- Intuitiva
- Configurable
- Multilingüe
- Visual
- Gráfica
- Flexible (para poder crear o borrar categorías)
- Resguardable (*back-up* en algún programa en la nube)
- Imprimible
- Multiusuario
- Independiente (no necesita conexión de internet)
- Con filtros para búsquedas
- Que monitorice balances
- Exportable
- Multidivisas (que cambie de monedas cuando viajes)
- Gratis

Nota a considerar: algunas aplicaciones que son de descarga gratis te dejarán hacer una cierta cantidad de transacciones y luego deberás pagar para poder usarla a largo plazo. Si te gusta alguna por la que debes pagar y te sientes realmente bien con ella, paga el costo con gusto. Vale la pena invertir un par de dólares en una herramienta que te va a ayudar a manejar el dinero en los próximos años.

Si prefieres usar tu computadora, busca en internet un *software* o, quizás, algún archivo de Excel® que te ayude a manejar el dinero. En Estados Unidos y en inglés hay muchos. Si prefieres la herramienta en español, escribe en tu buscador: «*software* presupuesto personal», y encontrarás una lista de lugares que ofrecen estas herramientas para ayudarte a manejar el dinero.

Aquí tienes algunas recomendaciones:

- En el sitio de www.andrespanasiuk.com busca el «*Software* Financiero» que se encuentra entre las herramientas. (Te redirigirá a un sitio auspiciado por una ONG amiga, dependiente de Diners Club Ecuador llamado financialeducation. ec). Está completamente en español, es gratis y es uno de los mejores programas de manejo del dinero en español que conozco.
- Lo mismo puedes hacer con la *app* de Cultura Financiera.
- Puedes encontrar dos documentos descargables en Excel® llamados «Planilla de recopilación de gastos» en el sitio www.andrespanasiuk.com/comollego.

Precaución: Hemos notado que, en algunos lugares de internet, cuando tratas de bajar algún programa gratis, tienen un sistema que no solo baja el programa que pides sino que, a través de una serie de preguntas confusas, también consiguen tu permiso para bajar otros programas. Presta atención a eso y no permitas que instalen en tu computadora algún *software* que tú no deseas.

La segunda forma de recopilar información es la que me funciona mejor a mí, personalmente. Agarra una cajita cualquiera (puede ser una de zapatos), y colócala en la cocina de la casa. Cada vez que alguien de la familia haga alguna compra debe pedir un recibo. Si no se lo dan, puede escribir en un papelito: «¿Qué compré? y ¿Cuánto me costó?». Luego, al final del día, que coloquen los recibos o papelitos dentro de la caja.

Si en tu país o en el área donde vives no se acostumbra dar recibos, simplemente llevas unos papelitos en el bolsillo y cuando haces una compra, escribes qué fue y cuánto costó. Por ejemplo: «comida=100 pesos» o «zapatos=50 pesos».

Cada noche, al pasar por la cocina, coloca todos los recibos en la caja de zapatos. Cuando pagues la renta o el alquiler, el préstamo hipotecario, realices algún pago mensual o de algún servicio, como luz, agua, gas, etc., simplemente coloca la factura dentro de la caja también.

C. Compara

Como lo recomendamos anteriormente, cuando terminen de recopilar información por treinta días, tómense todo un día libre (¡sin niños!) para poder dedicarse por completo al trabajo de armar su «plan de control de gastos» y pensar en el futuro. El proceso les tomará unas cuatro o cinco horas, pero vale la pena.

Esa inversión de tiempo cambió nuestra vida familiar y nos llevó en una dirección completamente distinta en el mundo de las finanzas.

El armado del plan

Para comparar apropiadamente y armar un buen plan de control de gastos hay que comenzar mirando primero las entradas personales o familiares. Todas y de todas las fuentes. Las entradas deben ir a un mismo pozo económico y de allí (como toda buena empresa lo hace) pagar todos los compromisos.

Yo sé que no nos han enseñado este importantísimo Principio «P», el principio de la sinergia. No tengo tiempo de explicarlo aquí, pero lo puedes ver en profundidad en el libro *Un equipo ganador*, publicado por Grupo Nelson (HarperCollins).

Sin embargo, si tienes familia y una pareja, y quieres ser eficiente y eficaz en el manejo del dinero, entonces deben poner **todos** los ingresos juntos. Hazme caso.

En la siguiente tabla te brindo un formulario que te puede ayudar a identificar todas las entradas.

Planilla de entradas (MENSUALES)

¿Cuánto trae la esposa a la casa?	$_____	Anota la cantidad de dinero que trae la esposa a la casa.
¿Cuánto trae el esposo?	$_____	Anota la cantidad del esposo.
¿Tienen entradas de algún otro trabajo?	$_____	Si uno o los dos están trabajando a tiempo parcial o completo en algún otro lado, anota aquí el dinero que reciben. No coloques el salario **bruto**, sino lo que traen realmente a la casa.
¿Hacen trabajos temporales?	$_____	Escribe el promedio mensual de lo que has traído en los últimos seis meses.
¿Venden cosas y tienen entradas que no son fijas?	$_____	Lo mismo que en el punto anterior. Calcula el promedio de entradas de los últimos seis a doce meses y usa esa entrada promedio para el plan.

¿Hay alguna otra entrada de dinero?	$_____	Si es inusual, no la cuentes. Usen el dinero para «proyectos especiales». Si es una devolución de impuestos, divide esa cantidad entre 12 (o no la consideres y úsenla como ahorro). Si no, calcula el promedio en seis a doce meses.
SUMA LAS CANTIDADES ANTERIORES	$_____	Estas son las entradas de dinero después de haber pagado tus impuestos.
Réstale a la cantidad anterior otros impuestos que debes pagar.	$_____	¿Hay algún otro impuesto que debes pagar por tus entradas de dinero? ¿Alguna otra retención mensual? Si el pago es anual, divídelo entre 12 y colócalo aquí.
INGRESO NETO		
Réstale a la cantidad anterior tus donaciones	$_____	En la vida hay que amar a Dios y amar al prójimo. Hay que ser generosos y no solo llevar dinero a la iglesia, sino también aprender a compartir con los demás.
Este es tu IND (INGRESO NETO DISPONIBLE)	$_____	Esta es la cantidad de dinero con la que hay que aprender a vivir y sobre la que todos nuestros números serán calculados.

Ahora que ya sabes cuál es tu ingreso neto disponible o IND, debes **comparar** esa cantidad con tus gastos reales, los que vendrán de sumar todos tus gastos tal como aparecen en el *software*, la *app*, el cuaderno o los papelitos y recibos de la caja de zapatos.

Si estás trabajando con la caja, vuelca los papeles y recibos sobre la mesa de la cocina y separa los gastos de acuerdo con lo que yo llamo «categorías» o rubros. A continuación están las categorías en las que recomiendo que dividas todos los gastos del mes. **Elige solo las que te convenga usar y agrega otras que vayas a necesitar y no veas en la lista:**

Gastos de:

(6). Transporte

(7). Vivienda

(8). Comida

(9). (Pagos de) Deudas

(10). Entretenimiento

(11). Vestimenta

(12). Ahorros

(13). Inversiones

(14). Escuela

(15). Gastos médicos

(16). Seguros

(17). Gastos varios

 Si quieres un formulario más completo, tenemos una variedad en Excel® y en PDF que hemos desarrollado a lo largo del tiempo. ¡Elige el que más te guste! Bájalos GRATIS en nuestro sitio web: www.andrespanasiuk.com/comollego.

También puedes tomar el curso en línea llamado «El secreto del dinero», que ofrezco en mi sitio www.andrespanasiuk.com. Allí podemos trabajar juntos, paso a paso, en el armado de un excelente plan para controlar gastos. Mientras tanto, puedes tratar de llenar la sencilla lista de gastos que aparece a continuación.

 ¿Te gustaría verme explicar, de una manera sencilla, cómo elaborar un plan de control de gastos? Escanea este código QR con tu teléfono para verme hacerlo en un evento con la organización MasVida en la ciudad de Morelia, México. Duración: 45 minutos.

 Puedes encontrar un enlace a este video para verlo en tu computadora o compartir con otros en la página www.andrespanasiuk.com/comollego.

Lista de gastos del mes. ¿Cuánto gastamos en…?

Gastos de:
(a) Transporte   _____
(b) Vivienda   _____
(c) Comida   _____
(d) (Pagos de) Deudas   _____
(e) Entretenimiento   _____
(f) Vestimenta   _____
(g) Ahorros   _____
(h) Inversiones   _____
(i) Escuela   _____
(j) Gastos médicos   _____
(k) Seguros   _____
(l) Varios o misceláneos   _____

TOTAL DE GASTOS   _____

¿Te gustaría saber, con más detalle, la definición de cada uno de esos rubros? Si vas al final de este libro y buscas el «Anexo A», allí encontrarás más información sobre cada una de las categorías.

 También puedes bajar los formularios en Excel® y PDF con muchos más detalles en la página: www.andrespanasiuk.com/comollego.

Ahora, toma la cifra TOTAL del IND y réstale el TOTAL DE GASTOS. Esto te va a dar una idea de cómo andas económicamente. El número final es como un termómetro de tu vida económica, una radiografía de tus finanzas. Es la cantidad con que te quedas en el bolsillo al final de cada mes. Entonces, aquí está la tabla para que hagas esa cuenta:

¿Cómo estás económicamente?

Ingreso neto disponible (IND): _____

(menos) −

Total de gastos: ══════════════

Balance (Este es el dinero que queda): _____

¿Te da positivo o negativo el balance?

Si te da positivo, mírate en el espejo. Puede que tengas la piel verde, la cabeza grande y los ojos amarillos. En ese caso, confirmarías lo que me temo: ¡eres de otro mundo!

En realidad, te felicito. Perteneces a un grupo muy reducido de personas en el planeta: aquellos que están gastando **menos** de lo que ganan. Lo único que tienes que hacer ahora es ajustar tu plan de acuerdo a tus sueños y metas para el año que viene. Estás en el buen camino.

Si el balance es negativo, entonces debes corregir la lista de gastos. Para eso es el paso número cuatro.

D. Corrige

Si la resta anterior te dio un número negativo, ¡bienvenido al club de «gastadores unidos»! La mayoría de las personas de este mundo tienen tu mismo problema: gastan más de lo que ganan. Este número negativo significa que vas a tener que hacer algunos cambios importantes.

Vas a tener que mirar seriamente los gastos que estés haciendo y tomar algunas decisiones de «vida o muerte». Si tienes pareja, estas decisiones se deben tomar **juntos**. Nunca tomes una importante decisión económica sin el completo apoyo de tu cónyuge. Es suicida. Entonces, frente a esta situación, tienes tres opciones:

- Bajas tus gastos, tu nivel de vida, tu estatus social.
- Incrementas tus ingresos.
- Haces las dos cosas al mismo tiempo.

Ningún miembro de la pareja debería tomar un segundo trabajo solamente para mantener el estatus social. Estaría sacrificando lo trascendente en el altar de lo intrascendente.

Muchas veces veo que los esposos, cuando se encuentran en esta situación de aprieto, sugieren a sus esposas que salgan a trabajar fuera de casa para mantener el nivel de gastos. Eso no es sabio. Es mucho mejor ajustar nuestro estándar de vida que forzar a la esposa a salir a trabajar y dejar a los hijos sin papá ni mamá en la casa. Lo mismo se aplica al revés (si el salario de la mujer es la principal fuente de ingresos).

La única excepción sería que saliera a trabajar de una manera temporal para asignar su salario a una situación de crisis, al pago de deudas o algo por el estilo. Yo jamás he estado en contra de que la mujer trabaje fuera de casa... ¡lo que pasa es que ella **ya** trabaja dentro de la casa!

Si la esposa desea trabajar porque ese es su llamado, su vocación, me parece excelente que lo haga. Pero si su deseo, su vocación, es estar con los hijos y ser el apoyo que la familia necesita en casa, yo no planearía que saliera a trabajar solo por mantener el nivel de gastos. Bajaría los gastos y mantendría feliz a mi esposa.

Este proceso de ajuste es muy particular en cada familia. No sé cuáles serán esas decisiones difíciles que necesitas tomar, pero te doy una lista de algunas de ellas que han tomado personas que he aconsejado:

- Mudarse de vivienda.
- Compartir la vivienda con otros.
- Irse a vivir con los padres.
- Salir un año de la universidad para trabajar y reunir dinero.
- Quitar a los hijos de la escuela privada.
- Salir menos a comer afuera.
- Cambiar el plan del celular.
- Volver a su país de origen.
- Vender posesiones que no son necesarias.
- Comenzar a comprar ropa usada.
- Cambiar de trabajo.
- Cambiar de universidad.
- Otras cosas por el estilo.

Te doy un ejemplo con el tema de la vivienda. Yo recomiendo que no más del 38 al 40 % de tu IND vaya a parar a todos los gastos de la vivienda. Si vives en una gran ciudad de Estados Unidos, seguramente estarás pensando: «Pero... ¿el 38 % de mi ingreso neto disponible? Con lo caro que es vivir en Nueva York, Chicago, Miami o Los Ángeles...».

Es verdad. Sin embargo, el problema no es que las casas estén caras en Nueva York, Chicago o Los Ángeles... ¡el problema es que no ganas lo suficiente para vivir en Nueva York, Chicago, Miami o Los Ángeles! De pronto te vas a tener que ir a vivir a un lugar mucho más barato, como Oklahoma, Ohio o West Virginia.

El otro día hablaba con un amigo y me decía: «Andrés, el 38 % de las entradas de dinero no me alcanza ni para empezar con los gastos de mi casa». Entonces, empezamos a hacer las cuentas. Yo le dije: «Tú te vistes, ¿no? Entonces de vez en cuando compras ropa. Vamos a ver cuánto gastas promedio en ropa al mes». Anoté la cantidad promedio.

«¿Cuánto gastas en alimento?», le pregunté. Escribí la cantidad que gastaba en alimento. Le dije: «¿Caminas a tu trabajo?». «No. Tengo un automóvil y a veces manejo una hora u hora y media para llegar». «¿Cuánto estás gastando en tu automóvil?». Así, seguimos haciendo cuentas de la cantidad que estaba gastando en cada una de las categorías del plan para controlar gastos. Cuando terminamos nos dimos cuenta de que estaba gastando... ¡el 135 % de su ingreso neto disponible!

También puedes buscar alternativas creativas a tus gastos de vivienda. Por ejemplo, puedes alquilar parte de tu casa a otra persona, puedes comprar la casa en sociedad con otra familia y pagar la mitad cada uno, puedes alquilarla mientras pagas la hipoteca (permitiendo que se pague sola) y tú puedes rentar en algún lugar mucho más barato por algún tiempo, puedes construir tu casa poco a poco, en la medida en la que las leyes de tu estado y tu dinero te alcancen...

Yo crecí en Argentina y en esos tiempos el costo de la vivienda no era una carga tan grande para la mayoría de las familias del país (quizás, ahora sí). Pero cuando me mudé a Estados Unidos, me di cuenta de que el pago de la renta solamente se puede llevar un tremendo pedazo de mi salario.

De acuerdo con un estudio realizado por el Centro de Investigaciones de la Fundación Pew,[2] en Estados Unidos casi una de cada tres personas que rentan están gastando más del 40 % de su salario en el pago del alquiler. Eso es una cantidad exorbitante al momento de pensar en que a ello hay que sumarle todos los otros gastos de la vivienda.

Por supuesto, pueden hacer el pago. El asunto es que no se dan cuenta de que cuando gastan demasiado en la vivienda hay otros rubros importantísimos a los que no pueden asignarles ni un peso, como por ejemplo el ahorro o las inversiones. Nos «desangramos económicamente» a lo largo del tiempo y ni siquiera nos damos cuenta.

¿Estamos listos para tomar decisiones difíciles y preparar un nuevo plan? Entonces, te recomiendo que dediques un tiempo para ir rubro por rubro y ajustar los gastos. Si tienes pareja, entonces hay que negociar el nivel de gastos aceptable para los dos y hacer lo que yo llamo *un nuevo pacto*. Quizás les puede ayudar rellenar el formulario que ofrezco más abajo.

Nuevo plan de gastos y ahorro (mensual)

En la columna **Gastos ahora** coloca los ingresos y gastos que descubriste durante ese mes de recolección de información. En la columna **Nuevo Plan** coloca el nuevo nivel de gastos personales o el número pactado entre los dos miembros de la pareja.

Categoría	Gastos ahora	Nuevo plan
Ingreso NETO:		
Menos, donaciones:		
A. IND (Ingreso Neto Disponible):		
Gastos:		
Transporte		
Vivienda		
Comida		
Pagos de deudas		
Entretenimiento		
Vestimenta		
Ahorros		
Inversiones		
Escuela/Educación		
Gastos médicos		
Seguros		
Varios		
B. TOTAL DE GASTOS		
DIFERENCIA (A - B):		

E. Controla

Por último, ahora te voy a decir uno de los secretos más importantes para tener éxito en el manejo del dinero: cómo controlar el plan que acabamos de hacer.

De nada sirve decidir cuánto vas a gastar en cada categoría si, cuando llega la hora de la verdad, no puedes controlar tus gastos.

Como lo mencionamos anteriormente, hay varias maneras de controlar un plan:

- Con planillas
- Con una *app*
- Con el *software* que mencionamos anteriormente
- Con archivos de Excel®

Sin embargo, si no tienes la posibilidad de usar ninguno de esos sistemas, te voy a presentar uno que le hemos enseñado a decenas de miles de personas en todo el mundo: el sistema de controlar gastos por sobres. Realmente funciona.

En casa, usamos la computadora para obtener información, pero empleamos los sobres para controlar la forma en que gastamos nuestro dinero semana tras semana.

Lo primero que debes hacer es decidir cuánto vas a gastar cada mes en cada rubro o categoría: tener el **nuevo plan**.

En segundo lugar, debes decidir cuáles de esas categorías o rubros se deben manejar con dinero en efectivo **todas las semanas**. Por ejemplo, la comida, el entretenimiento, los gastos varios, el transporte (para los autobuses, trenes o la gasolina), etc. Mira cómo se gasta el dinero de la familia y decide cuáles son los rubros que usan todas las semanas.

El tercer paso es dividir esos gastos mensuales en cuatro y declarar cuatro «días de pago familiar» al mes: el 1, el 8, el 16 y el 24.

Cuidado: no te estoy recomendando que dividas el mes en cuatro semanas, sino en cuatro «días de pago». La razón es que, de vez en cuando, vas a tener cinco semanas en un mes, y uno de los motivos por los que estás armando un plan es para proveer estabilidad y coherencia a tus gastos. La quinta semana hace que el plan sea incoherente y se queden sin dinero hacia el final del mes (¡eso los Panasiuk lo aprendimos por propia experiencia!).

Olvídate, entonces, de las semanas del mes y de las fechas cuando cobras el salario. Cuando cobras, simplemente asegúrate de que el dinero va a la cuenta del banco o al lugar donde sueles guardarlo. Luego el 1, el 8, el 16 y el 24 serán los días de ir al banco (o al lugar secreto donde escondes el dinero) a fin de retirar el efectivo que necesitarás para funcionar los próximos siete u ocho días. Mira un ejemplo de ello en la tabla que te muestro a continuación.

Categorías	Días de pago familiar			
	1	8	16	24
Comida				
Vestimenta				
Entretenimiento				
Auto o transporte				
Gastos varios				
Total a retirar				

No te preocupes de los otros gastos (alquiler, gas, luz, auto). Si armaste correctamente el plan de control de gastos, de acuerdo a los parámetros que te he sugerido, esa parte del plan «se cuida sola». Los gastos anteriores son casi «fijos» y la mayor cantidad de dinero que desperdiciamos se nos va a través de nuestros gastos *variables*.

Entonces, por ejemplo, si miras la columna llamada «Nuevo plan», puede que diga que vas a gastar 400 dólares (o pesos, o lempiras, o la moneda que sea) por mes en comida. Eso quiere decir que vas a tomar 100 cada «día de pago» para comer por los próximos siete u ocho días. Este debe ser un compromiso firme de parte de cada uno de ustedes.

Si vas a invertir cada mes (de nuevo, en la columna del Nuevo plan) unos 80 pesos para comprar ropa, cada día de pago familiar retiras 20 pesos. Si van a gastar 100 en el rubro de entretenimiento al mes, retiras 25 cada día de pago familiar. Observa el siguiente ejemplo.

Categorías	Días de pago familiar			
	1	8	16	24
Comida	100	100	100	100
Vestimenta	20	20	20	20
Entretenimiento	25	25	25	25
Auto o transporte				
Gastos varios				
Total de retiro				

¿Te das cuenta de que aquí no importa si cobras semanal, quincenal o mensualmente? Lo único que importa es que todo el dinero de los ingresos vaya al mismo lugar y que de allí retires la cantidad que han presupuestado para vivir por los próximos siete u ocho días. De lo único que te debes preocupar es de no sacar más dinero del que se han comprometido a gastar. El resto del plan se cuida solo.

Por último, para terminar el ejemplo, si decides que necesitan unos 240 pesos por mes para gastos del auto, la moto u otro transporte, y unos 200 para gastos varios (que es dinero para gastar en cualquier cosa y darse unos gustitos cada semana), el cuadro de retiro de dinero quedará de la manera que aparece en la siguiente tabla.

Categorías	Días de pago personal			
	1	8	16	24
Comida	100	100	100	100
Vestimenta	20	20	20	20
Entretenimiento	25	25	25	25
Auto o transporte	60	60	60	60
Gastos varios	50	50	50	50
Total a retirar	**255**	**255**	**255**	**255**

Esto quiere decir que cada día de pago familiar hay que ir al banco y sacar 255 pesos para todos los gastos regulares hasta el próximo día de pago. Esto funciona de la misma manera si tienes familia o no. La única diferencia es que algunos gastos ya no los harás solito o solita, ahora se deben dividir entre dos. Si observas nuestro ejemplo, verás que los «gastos varios» se dividirán en $25 cada uno.

Ahora tienen una forma de control. Saben que cada siete u ocho días van a gastar 255 pesos en efectivo para los gastos variables y, como por arte de magia, han convertido sus gastos variables ¡en gastos fijos!

Este es el secreto del manejo efectivo del dinero: tener el control. ¡Ahora tienes el control del dinero y el dinero no te controla a ti! Te animo a poner en práctica este sistema con el siguiente ejercicio.

(1). Determina tus «gastos de ahora».

(2). Ajusta esos gastos y determina tu «nuevo plan».

(3). Transfiere los números del «nuevo plan» a la tabla siguiente.

Categorías	Días de pago familiar			
	1	8	16	24
Total a retirar				

Por último, lo que debes hacer es emplear algunos sobrecitos para distribuir entre ellos el dinero en efectivo que retiraste del banco el «día de pago». Nosotros en casa usamos un sistema de sobres que se cierran como si fueran una billetera. Quizás puedas conseguir algo así en el lugar donde vives. Si no, usa pequeños sobres comunes que cada uno pueda llevar consigo.

A uno de los sobres le colocas la palabra «donativos»; a otro, «vivienda»; a otro, «comida»; a otro, «transporte», etc. De este modo tienes un sobrecito para cada categoría que has escrito arriba. Como lo expliqué antes, si tienes pareja, entonces les recomiendo que tengan sobres para el esposo y para la esposa.

Un ejemplo: si van a gastar 100 pesos en comida entre cada día de pago, y la esposa está a cargo de comprar la comida, entonces ella tiene un sobre de «Comida» con 100 pesos. Pero para el sobre de «transporte» cada uno toma, de los sesenta pesos acordados, la cantidad real que usará esa semana. Lo mismo con los «gastos varios».

Usa el dinero del sobre hasta que se acabe y, luego, comprométe «a muerte» a no gastar en este rubro hasta el siguiente día de pago familiar. Vas a sufrir un poco por dos o tres meses. Pero una vez que aprendas que no hay que gastar todo el dinero del sobre al comienzo de la semana, te vas a dar cuenta de lo valioso que es este concepto.

Déjame darte un ejemplo humorístico con respecto al área del entretenimiento. Imagínate que llega el domingo. Al salir de la iglesia o del club, tu amiga Margarita te dice: «¡Vamos a comernos una pizza!». Entonces, ¿qué haces? Muy sencillo, sin que nadie se dé cuenta, abres el sobrecito de entretenimiento y miras: «¿Tengo o no tengo para ir a comer pizza?».

Si no tienes dinero, le dices a tu amiga: «¿Sabes? Va a tener que ser la próxima semana, porque me he gastado todo el dinero para entretenimiento de esta semana». Entonces, Margarita te contesta: «No te preocupes, ¡yo lo pago!». Siendo así, con gozo en el corazón, le dices: «¡Gracias! ¡Tú SÍ que eres una buena amiga!».

Y esa es la diferencia entre los que tienen un plan y los que no: ¡los que no tienen un plan no saben cuándo parar de gastar!

Entonces, el asunto es estar totalmente comprometidos con el cumplimiento de la palabra empeñada en el «nuevo plan»:

parar de gastar cuando se nos acaba el dinero del sobre correspondiente. Ese es todo el secreto. Ahora puedes unirte a los millones de personas alrededor del mundo que practican este sistema.

Muy bien. Ahora tienes un plan personal o familiar y, además, una forma concreta y práctica de controlarlo.

El primer «ingrediente para el éxito económico» está en tus manos. No te desanimes. Tú puedes tener el control de tus finanzas. No te dejes desanimar por aquellos que te dicen que no lo vas a poder hacer. Hace años estaba leyendo el libro *Imparable*, de Cynthia Kersey, y me llamó la atención una serie de citas que remarqué y que me gustaría compartirlas contigo:[3]

Algunos afirman que Henry Ford solía decir: «Estoy buscando hombres que tengan una capacidad infinita para no saber lo que no se puede hacer».[4] Con el tiempo me he dado cuenta de que todo el mundo sabe lo que no se puede hacer. ¡Pero son solo aquellos que no quieren saber lo que no se puede hacer los que finalmente logran lo imposible!

«¿Cuánto tiempo más vas a estar entrenando en ese gimnasio y viviendo en el mundo de los sueños?», le decían sus familiares a Arnold Schwarzenegger, tratando de convencerlo para que encontrara un trabajo «respetable» y no entendiendo su deseo de llegar a ser Mr. Universo. Si los hubiera escuchado, nunca hubiese llegado a ser el famosísimo actor que fue e, inclusive, el gobernador del Estado de California (la sexta economía más grande del mundo).

«Liquida tu negocio ahora mismo y recupera lo que puedas de tu dinero. Si no lo haces, terminarás sin un centavo en el bolsillo», le dijo el abogado de la ahora famosísima multimillonaria Mary Kay Ash, apenas unas semanas antes de que abriera su primer negocio de cosméticos.

«Tienes una linda voz, pero no es nada especial», le dijo una profesora mientras rechazaba a la jovencita Diana Ross (una de las cantantes más famosas del mundo) para una participación en un musical de su escuela.

«Una cadena mundial de noticias nunca va a funcionar», es lo que le dijeron a Ted Turner los «expertos» cuando presentó por primera vez su idea de crear CNN.

¿Quién te está diciendo que no puedes armar y manejar un plan de control de gastos para decirle al dinero lo que tiene que hacer? ¿Quizás tu propia familia? ¿Tus amigos? Tú puedes, si quieres.

El futuro está en tus manos.

2. Establece metas y límites económicos

El segundo ingrediente para lograr la Prosperidad Integral es, también, un tanto «extraterrestre». Sé que algunas de las cosas que te he estado comunicando no son las que normalmente los «gurús financieros» que conoces te van a recomendar. Pero, créeme, establecer metas y límites en tu estilo de vida te proveerá a lo largo del tiempo una mucho mejor experiencia de vida.

No importa si ganas el equivalente a 100, 1.000 o 10.000 dólares al mes. Necesitas aprender a establecer metas económicas razonables que, luego, puedas balancear con el resto de tu vida.

Determina cuáles son tus metas

Lo primero que necesitas saber, antes de salir del puerto, es a dónde quieres llegar. Sé que es muy difícil para los que crecimos en países en desarrollo mirar tan lejos en el futuro. No estamos acostumbrados a planear con veinte o treinta años de anticipación. Déjame darte una palabra de aliento: no hay que ser demasiado específico cuando uno planea con tantos años por delante.

Quisiera ayudarte a hacer este ejercicio proveyéndote una experiencia. Quiero contarte una historia que escuché hace años y que te va a ayudar a poner las cosas en perspectiva. Te va a permitir tomar algunas decisiones a largo plazo. Sin embargo, necesito que me prestes toda tu atención. Si estás leyendo este libro en algún lugar en el que no te puedes concentrar y no me puedes dar toda tu atención, entonces, marca la página y vuelve a retomar la lectura cuando podamos estar a solas.

¿Listo?... Bien.

Estás caminando por la calle y, de pronto, hacia tu derecha hay una iglesia. Parece ser domingo, porque hay muchos autos estacionados en la puerta y hay mucha gente que entra.

Tú decides entrar. Cuando entras, te das cuenta de que esa gente no está allí porque es domingo, sino que están llevando a cabo un funeral. Te preguntas si deberías pasar o no...

Entras. Te das cuenta de que el féretro está en el mismo centro de la capilla, al final del pasillo por el que has entrado. Con curiosidad, decides seguir a la gente hacia el frente. Te acercas al cajón y miras. Reconoces inmediatamente al muerto: eres tú.

Este es tu funeral. Ahora te das cuenta de que toda la gente a tu alrededor son tus familiares y amigos. Te sientas en la primera banca.

Ni bien te sientas, pasa al frente un joven que se para junto al féretro. Está a punto de decir algunas palabras sobre ti como padre.

¿Qué quieres que diga?

Piensa. ¿Qué quieres que tu hijo diga de ti el día de tu entierro?

Ese es tu puerto de llegada.

Escribe:

A. ¿Qué cualidades de tu carácter quisieras que la gente recordara de ti el día de tu partida?

_____

_____

_____

_____

_____

_____

B. ¿Qué cosas materiales, realmente y de acuerdo a tus posibilidades económicas, te gustaría haber disfrutado antes de irte de este mundo?

_____

_____

_____

_____

_____

Permíteme ayudarte en el proceso de decisión. Es importante que tu cónyuge y tú se sienten a la mesa y digan: «Mi amor, ¿cuáles son los sueños que queremos alcanzar en nuestra vida?». «¿Cuánto es *suficiente* para nosotros?». «¿Cuándo dejaremos de andar corriendo tras las cosas materiales?». Para algunos tener una casa, un techo sobre sus cabezas, alimento, ropa y escuela para sus hijos es suficiente.

Algunos de nosotros quisiéramos tener un auto. En Estados Unidos, más que un lujo, un auto es una necesidad, porque las ciudades son muy grandes y su sistema de transporte no está tan desarrollado como lo está en nuestros países.

Quizás quieres escribir: «Soñamos con tener dos autos». Perfecto, quizás tú eres un profesional, un empresario o tienes los medios para comprarlos.

Aquí hay algunas metas, algunos sueños económicos, que la gente menciona cuando enseño mis conferencias:

Casa propia.
Auto(s).
Negocio propio.
Educación de los hijos.
Educación propia.
Cobertura médica. Salud.
Jubilación.
Viajes.
Vacaciones periódicas.
Casa de veraneo en el mar.

Escribe los sueños que tienes para tu vida económica (y la de tu familia, si la tienes). Sé que no es fácil. Pero si sabes a dónde quieres llegar, es mucho más fácil el viaje. Adelante. Escribe tus sueños:

_____

_____

_____

_____

_____

_____

_____

_____

_____

_____

_____

Convierte estas metas en límites:

Ahora viene el tema «marciano» (pero altamente efectivo), convertir esas metas y esos sueños en el **límite** de nuestro estándar de vida.

Ya sé. Te estás preguntando: «¿Por qué?». ¿Para qué vamos a ponernos un límite a nuestro crecimiento socioeconómico? Esa es una buena pregunta.

La razón por la que debemos colocar un límite a nuestra posición social es porque hay otras cosas más importantes en la vida que tener una casa más grande, un auto más nuevo y una computadora más rápida. Lo más importante en la vida es vivir, ¿recuerdas que hablamos de eso antes? Y vivir *bien*. De eso se trata el «bien-estar».

No estoy hablando de poner un límite a nuestros ingresos. No. Estoy hablando de poner un límite a nuestro estándar de vida, que es muy diferente. Esa decisión nos permite vencer el síndrome de «un poquito más».

¿Sabes cómo funciona este síndrome? Dicen que cuando le preguntaron a Rockefeller cuánto era suficiente para él (siendo el hombre más rico del mundo), él miró al reportero y le dijo: «Un poquito más». El dinero nunca satisface. Debemos aprender a eliminar el síndrome de un poquito más.

De esa manera, cuando llegues a esa meta económica podrás sentarte en el fondo de la casa y decir con agrado: «Hemos llegado. Hemos alcanzado nuestros sueños. Podemos ser agradecidos y sentirnos satisfechos».

Entonces, determinar nuestras metas cumple con dos funciones muy importantes: por un lado, enfoca nuestras energías y nuestras capacidades hacia un fin determinado. No permite que andemos vagando sin rumbo por la vida.

Por otro lado, sin embargo, también funciona como una forma de ponerle límites a nuestra ambición económica para poder sentirnos satisfechos y agradecidos; y también, para dedicar nuestras energías y nuestros recursos a otras causas (por ejemplo, cuando jóvenes, mi esposa y yo decidimos que cada centavo que fuera más allá de nuestras metas económicas lo donaríamos a organizaciones sin fines de lucro, tanto religiosas como no religiosas).

Ese tipo de actitud no solamente te proveerá una profunda satisfacción en lo material (haber alcanzado las metas), sino también te dará una profunda satisfacción emocional y espiritual. Esa es una premisa central detrás del concepto de la Prosperidad Integral: nuestra vida no consiste solamente en la abundancia de bienes que acumulamos.

Hazte una copia de esta lista y colócala junto a tu cama. Otra, pégala en el refrigerador de la casa o junto al espejo del baño. Necesitas recordarte con regularidad a dónde vas en la vida y cuánto es suficiente.

Tres cosas, entonces:

- Establece tus metas.
- Transfórmalas en límites (¿Cuánto es suficiente?).
- Equilibra tu éxito financiero con el resto de tu vida.

Charles Francis Adams, un famoso político del siglo diecinueve, mantenía un diario personal donde escribía las cosas que le pasaban. Un día escribió: «Hoy fui a pescar con mi hijo. He desperdiciado un día». Su hijo, Brook Adams, también tenía un diario, que hasta hoy está disponible para su lectura. El joven Brook escribió ese mismo día: «Fui a pescar con mi padre, ¡fue el mejor día de mi vida!».[1]

El padre pensó que estaba perdiendo el tiempo yendo a pescar con su hijo, mientras que su hijo pensó que estaba invirtiendo su tiempo magníficamente. La única manera de saber la diferencia entre el derroche y la inversión es tener en claro las metas personales en la vida y comparar con esas metas la forma en la que estamos invirtiendo nuestro tiempo, nuestros talentos y nuestros tesoros.

Una palabra con respecto al concepto de «la riqueza».

No todo lo que brilla es oro y la riqueza no es lo que aparenta ser. Hay un antiguo libro que leí hace muchos años y me ayudó a entender mejor el asunto de la riqueza. El libro se llamaba *El millonario de la puerta de al lado*, de Thomas J. Stanley y William D. Danko.[2] Hubo un tiempo en el que fue uno de los libros más vendidos del mundo y nos provee una ventana muy interesante a la vida de los millonarios de Estados Unidos.

Stanley y Danko dedicaron años de trabajo e investigación a estudiar el comportamiento de los millonarios en Norteamérica. Me gustaría compartir contigo algunas cosas interesantísimas que descubrieron y son relevantes hasta este día.

Una de las revelaciones que los autores hicieron, por ejemplo, es que en Estados Unidos mucha gente que vive en casas costosas y manejan automóviles de lujo no tienen, en realidad, mucha riqueza. Mucha gente que tiene una gran cantidad de riqueza no vive en los barrios más sofisticados del país.[3]

La mayoría de la gente se confunde cuando piensa sobre el concepto de la riqueza. «Riqueza» no es lo mismo que entradas de dinero. Uno puede tener un salario altísimo y no ser rico. Puede que simplemente esté gastando todo lo que recibe en una vida de alto vuelo. La «riqueza», sin embargo, tiene que ver con lo que acumulas, no con lo que gastas.[4]

¿Cuál es el secreto para acumular riquezas? Raramente se trata de tener suerte o recibir una herencia, o de tener un título universitario o de poseer un alto nivel de inteligencia. La riqueza, dicen Stanley y Danko, en la mayoría de los casos, tiene que ver con un estilo de vida de trabajo duro, perseverancia, planeamiento y, sobre todo, disciplina personal.[5]

En Estados Unidos, las personas que tienen un balance de más de un millón de dólares entre su activo y su pasivo viven gastando menos de lo que ganan, visten trajes baratos, manejan autos nacionales (la mayoría nunca ha pagado más de 30.000 dólares por un automóvil en su vida), e invierten entre el 15 y el 20 % de sus ingresos.[6]

¿Por qué el 90 % de la población no es millonaria en Estados Unidos? Stanley y Danko dicen que, por ejemplo, a pesar de estar ganando decenas de miles de dólares por mes, la mayoría de esos hogares no son realmente ricos. La razón es que tienen una tendencia a caer en deudas y a consumir insaciablemente. Esas familias creen que si no demuestran tener posesiones materiales en abundancia, no son exitosas.[7]

Entonces, como puedes ver, la vida de un millonario en Estados Unidos no es tan glamorosa como nos la presentan en televisión o en las películas. Dicen los investigadores de *El millonario de la puerta de al lado* que las tres palabras que presentarían un perfil apropiado de los ricos del país del norte es: ahorro, ahorro, ahorro.[8]

No es que sean avaros, sino que odian el derroche. Son fieles y obedientes al «principio de la moderación». Ingvar Kamprad, fundador de IKEA y la octava persona más rica del mundo al momento de su muerte,[9] era famoso por manejar un Volvo de más de veinte años de antigüedad, volar en clase económica y comprar su ropa en lugares que vendían ropa usada en Suecia, su país natal.

Cuando le preguntaron por qué, simplemente respondió: «La naturaleza de la gente de Smaland (su ciudad natal) es ser ahorrativos».

En el 2018, Warren Buffett manejaba un Cadillac que compró por 45.000 dólares (¡más de lo que pagó originalmente por su casa!), Mark Zuckerberg un Acura de 30.000, Alice Walton (heredera del fundador de Wal-Mart) una Ford F-150 de 40.000 y Steve Ballmer (antiguo ejecutivo de Microsoft) un Ford Fusion valorado en 28.000 dólares. ¿Por qué estos multimillonarios, con fortunas valoradas en miles de millones de dólares, manejan esos autos tan normales y baratos?

La respuesta es: no porque amen el dinero o sean tacaños, sino porque viven *moderadamente*. Viven el principio de la moderación en sus vidas: evalúan qué es lo que necesitan y luego satisfacen esa necesidad. No necesitan aparentar lo que no son, como la clase media de nuestros países.

Una palabra final.

Para concluir, entonces, si quieres disfrutar de la Prosperidad Integral, debes tener metas concretas tanto en el ámbito económico como en el familiar, emocional, espiritual y personal. Esta suma de metas múltiples probablemente no te lleve tan alto en lo económico como irías si —en el proceso— sacrificas a la familia, a tu persona o a tus relaciones.

Sin embargo, te traerá un nivel más alto de satisfacción personal y, al final de cuentas, no estarás viviendo un estilo de vida más sencillo que el que ha elegido la mayoría de la gente realmente rica en el resto del mundo.

Para poner en práctica

Metas y límites

 Hace algún tiempo, en una MasterClass con empresarios de primer nivel, expliqué este ingrediente de manera personal. Si sigues este código QR podrás ver ese video personal.

 También puedes encontrar un enlace a este video en la página www.andrespanasiuk.com/comollego.

Las cosas importantes de la vida

A. Escribe una lista de las cinco cosas más importantes en tu vida.

(1). _____

(2). _____

(3). _____

(4). _____

(5). _____

B. Ahora, escribe (a grandes rasgos) cómo inviertes tu tiempo durante la semana (de mayor cantidad de horas a menor):

Por ejemplo:

Actividad	Cantidad de horas por semana
Dormir	56
Trabajar	50
Comer	24
Viajar al trabajo	12
Aseo personal	9
Mirar televisión	6

Ahora es tu turno:

Actividad	Cantidad de horas por semana

C. Por último, compara las cosas que son más importantes en tu vida con la forma en la que estás invirtiendo tu tiempo. ¿Estás invirtiendo tu tiempo y tu esfuerzo en las cosas que realmente consideras importantes? ¿Qué podrías hacer, realmente, para mejorar esa situación?

_____

_____

_____

_____

_____

_____

_____

_____

_____

_____

_____

_____

_____

_____

3. Vive los Principios «P» hasta las últimas consecuencias

«Nunca... nunca... ¡nunca se den por vencidos!».

Winston Churchill

El primer ministro británico pronunció ese discurso en medio de una situación casi insostenible: el ataque nazi desde el continente europeo a la isla de Gran Bretaña durante la Segunda Guerra Mundial. Puede que, en un principio, algunos se hayan preguntado por qué desangrarse como nación y perder tantas vidas oponiéndose al nazismo.

Churchill, sin embargo, tenía una clara imagen del bien y del mal. Para él, Adolfo Hitler representaba todo el mal que podía haber en la humanidad. Su tenacidad y apego a sus más profundos principios morales, a pesar de las críticas y los reveses políticos y militares, fue lo que —al final— salvó a Europa.

Al principio de este libro mencioné los Principios «P». Creo firmemente que estos principios y valores que he compartido contigo son esenciales para la Prosperidad Integral. Comprométete con ellos con todo tu corazón, con toda tu alma y con todas tus fuerzas. Ellos traerán felicidad a tu vida y te evitarán muchísimos dolores de cabeza. Aquí hay una lista de esos siete Principios «P» que estudiamos:

- El principio de la renuncia
- El principio de la felicidad
- El principio de la perseverancia
- El principio de la moderación
- El principio de la integridad
- El principio del amor y la compasión
- El principio del dominio propio

Al final, estos principios comenzarán a jugar a tu favor. Por ejemplo, con una meta clara («¿Cuánto es suficiente?»), un plan apropiado para manejar tus ingresos, abrazando la moderación y comprometiéndote a vivir en libertad podrás encontrar el camino hacia la Prosperidad Integral de la que hemos estado hablando.

Recuerdo que, en los días en los que estaba en entrenamiento durante el servicio militar obligatorio en mi país, un día nos llevaron a hacer un ejercicio muy particular: aprender a «navegar». Para eso, nos dijeron dónde estábamos y a dónde debíamos llegar al final del día. Como herramientas, nos dieron dos cosas: un mapa y una brújula.

La brújula es un aparato muy interesante. En realidad, la brújula nunca apunta hacia donde uno quiere ir. La brújula siempre apunta al norte. Pero si uno sabe dónde se encuentra el norte, no importa si uno está en el desierto o en el medio de un bosque, no importa si uno está en la planicie o en las montañas, no importa si uno está en tierra o en el mar, no importa si el día está hermoso o estás en medio de la peor tormenta de tu vida. Si sabes dónde está el norte, siempre podrás navegar a puerto seguro.

Los Principios «P» son la brújula de tu vida. Aunque estés en la medianoche de una crisis, si vives estos principios, al final saldrás a la luz.

A continuación te presento un video sobre el beneficio de obedecer instrucciones.[1] Lo puedes compartir con tus hijos, si los tienes.

 Puedes ver este video en www.andrespanasiuk. com/comollego.

Edward Bok cuenta la historia de dos jóvenes que estaban estudiando en Leland Stanford University, al norte de California. Llegó un día en el que los jóvenes se vieron en serios problemas para pagar sus gastos de estudios y de supervivencia. Fue entonces que uno de ellos sugirió tratar de organizar un concierto con el conocido pianista Ignacio Paderewski. Las ganancias podrían ayudarlos a pagar sus gastos de vivienda, alimentación y estudios.

Cuando contactaron al administrador del pianista, este les requirió una garantía mínima de 2.000 dólares (una importante suma de dinero para esa época). Los estudiantes, sin dudarlo por un segundo, se abocaron a la tarea de preparar el concierto.

Trabajaron arduamente pero, a pesar de ello, el concierto solamente produjo una ganancia de 1.600 dólares.

Los jóvenes, entonces, fueron a ver al gran artista después de la presentación y le contaron lo que había ocurrido. Le dieron los 1.600 dólares y un pagaré firmado por los dos, que cubría los otros 400. Le indicaron al famoso pianista que, ni bien tuvieran el dinero, le harían ese pago.

«No», dijo Paderewski, «eso no va a funcionar». Entonces, rompiendo el pagaré en mil pedazos, les devolvió el dinero diciéndoles: «Ahora, tomen este dinero, paguen todos sus gastos, guárdense el 10 % del resto cada uno por el trabajo realizado y denme lo que quede».

Los años pasaron (años de fortuna y destino) y Paderewski se convirtió en el Primer Ministro polaco. La Primera Gran Guerra acababa de terminar y Paderewski se preguntaba cómo haría para alimentar a su hambrienta nación. En ese momento de la historia, había un solo hombre en todo el mundo que podía ayudar a Paderewski y a su pueblo: el presidente norteamericano, contando con las reservas de grano en Estados Unidos.

Y así fue: decenas de miles de toneladas de alimentos comenzaron a llegar sin cesar a Polonia para ser distribuidas por el Primer Ministro polaco. A través de un programa llamado *American Relief Effort* (Esfuerzo de Ayuda Norteamericana), Estados Unidos ayudó a alimentar a decenas de millones de niños y adultos entre 1919 y 1923.

No solo salvó la vida de millones de polacos (entre ellos, mis abuelitos), sino que aseguró el establecimiento de la nueva nación, luego de haber «desaparecido» del mapa por más de cien años.[2]

Luego de que su hambrienta nación fuera alimentada, el Primer Ministro Paderewski viajó a París para agradecerle al presidente norteamericano Herbert Hoover por el auxilio enviado. «No fue nada, Mr. Paderewski», contestó el presidente Hoover. «Además, seguramente no se acuerda, pero siendo yo estudiante universitario usted fue el que me ayudó primero cuando, en esa oportunidad, era *yo* el que estaba hundido en el pozo de la necesidad».[3]

La vida es larga y uno nunca sabe «por dónde salta la liebre», dirían en mi país. Uno nunca sabe cómo vivir nuestros principios en el presente (en este caso, el del amor y la compasión) va a afectar nuestra vida en el futuro.

4. Aprende a compartir

Creo firmemente que una de las principales razones para la prosperidad es poder compartirla. Compartir con los demás es un importante Principio «P», fundamental para tener una experiencia de vida más rica.

En los países de Occidente (y también en muchos otros alrededor del mundo) las religiones abrahámicas —especialmente el cristianismo— han generado una innumerable cantidad de organizaciones de beneficencia que nos han impactado socialmente a través de los siglos. Es cierto que los países que forman Europa y Estados Unidos son ricos. Pero la gente de esos países no tendría por qué haber invertido sus fortunas en ayudar a los pobres y, mucho menos, a personas que ni siquiera conocían alrededor del mundo.

Sin embargo, lo hicieron; y hay varias razones para eso. Podríamos mencionar, entre ellas, la invención y fundación de hospitales, escuelas, orfanatos, hogares de niños, leprosarios y universidades como las de Oxford, Yale, Harvard, Loyola, la Universidad de Chicago o Princeton.

También podríamos mencionar organizaciones internacionales como la Cruz Roja Internacional, Cáritas, el Ejército de Salvación, Auxilio Mundial, Visión Mundial (World Vision) y Habitat for Humanity (la ONG constructora de viviendas para gente de bajos recursos más grande del mundo). ¡No seguiré mencionando nombres, porque me voy a meter en problemas! (Hay muchas y muy buenas organizaciones que nacieron de nuestras raíces religiosas y cristianas).

Esas fundaciones y organizaciones, grandes y pequeñitas, han literalmente impactado al orbe a través de los siglos para ayudarnos a disfrutar de un mundo mejor hoy.

Creo que es importantísimo que aprendamos a compartir nuestras bendiciones. Si no lo hacemos, morimos un poco como personas. Hemos sido diseñados para compartir lo poco o lo mucho que tengamos; las alegrías y las tristezas. El egoísmo o la avaricia no le caen muy bien al espíritu.

Esa es una de las razones, por ejemplo, por las que el Mar Muerto (en Israel) está, literalmente, muerto. El Mar Muerto se encuentra a 398 metros por debajo del nivel del mar y el río Jordán le entrega a este mar más de seis millones de metros cúbicos de agua por día. Sin embargo, el Mar Muerto tiene un problema: solamente recibe agua, nunca la da. El agua, entonces, se estanca y, con la evaporación que produce el sol del desierto, la concentración de sal aumenta.

La concentración normal de sal en el océano es del 2 al 3 %, mientras que la concentración de sal en el Mar Muerto es del 24 al 26 %, además del magnesio y el calcio. No hay vida que aguante ese potaje químico.

El Mar Muerto, con sus mil kilómetros cuadrados de superficie, es grande, rico en minerales y probablemente el más conocido del mundo. Sin embargo, ha perdido la vida. Está vacío en su interior.

¡Qué diferente es la experiencia del Mar de Galilea! Mucho más pequeño, pero lleno de vida. Es un mar, en el naciente del río Jordán, que recibe agua, pero también la da. Las aguas del Mar de Galilea siempre están frescas.

Las experiencias del Mar Muerto y del Mar de Galilea nos enseñan, entonces, que dar —luego de recibir— es un proceso vital para permitir mantener la frescura de nuestro corazón y de nuestro espíritu.

Existen varios principios que creo importantes considerar al momento de dar y me gustaría compartirlos contigo:

A. Debemos dar voluntariamente.

Cada uno debe dar según lo que haya decidido en su corazón, no de mala gana o a la fuerza. El que da voluntariamente, ve el dar como una inversión en la vida de otra persona. Nadie se debe sentir obligado a dar y nadie debe dar por vergüenza, por culpabilidad o para tener «buena suerte» en la vida. Eso no funciona.

B. Debemos dar desinteresadamente.

Compartir con otros se debe hacer por amor «a pesar de» (por amor incondicional), no por interés. Cuando damos a otros por interés y no por amor, esa acción «de nada nos sirve», diría Saulo de Tarso.[1] Es importantísimo cambiar nuestra actitud al dar para que produzca sus efectos beneficiosos tanto en la vida de los demás como en la nuestra.

La mejor manera de dar es hacerlo a aquellos que no tienen la posibilidad de hacer nada a favor de nosotros.

C. Debemos dar generosa y abundantemente.

Aquí no se trata de dar lo menos que puedo para no sentirme culpable. La generosidad que vale la pena es aquella en la que nosotros damos de una manera abundante y sacrificialmente. Dar es una cuestión de nuestro carácter, no de la posición socioeconómica en que estemos.

Dice un buen amigo mío que «dar es el símbolo de la riqueza, mientras que pedir es el de la pobreza»[2] (y no estamos hablando de riqueza y pobreza material). La generosidad es una manifestación de un carácter maduro. El que tiene un carácter lo suficientemente profundo para dar, dará aunque no tenga dinero que compartir.

D. Debemos dar humildemente.

La humildad es un elemento esencial al momento de dar a los demás. Practiquémosla en medio de la sociedad electrónica y rimbombante en que vivimos. Es muy triste ver a artistas hacer tanto alarde por organizar conciertos de beneficencia cuando, en realidad, la gran cantidad de dinero que se recauda para ayudar a las víctimas viene de parte de miles de personas y organizaciones que no buscan ninguna publicidad.

Demos con humildad en el corazón y, si es posible, demos secretamente.

E. Debemos dar sabiamente.

Deberíamos aprender a dar al necesitado, donar a causas nobles, dar para mostrar amor a nuestros amigos y familiares, y entregar no solo dinero, sino entregarnos nosotros mismos con nuestros talentos y tiempo a la humanidad.

Tengo un buen amigo que vive en Puerto Rico. Es médico. Cada año organiza un equipo de médicos que viaja a diferentes lugares del Caribe donde hay pobreza y necesidad para tratar a la gente enferma. Él es un excelente cirujano y se especializa en reemplazos de caderas. A estas alturas ya ha hecho cientos de cirugías, especialmente a jóvenes y niños de familias necesitadas.

Él y sus amigos médicos entregan de su tiempo y de su dinero para hacer esos viajes. Pero el aporte que más impacto hace en la vida de la sociedad es la entrega de sus conocimientos y su experiencia con el fin de ofrecer algo que no tiene precio: la salud.

Lo mismo hacen un grupo de dentistas que conozco en la República Argentina. A pesar de no tener grandes cantidades de dinero ni organizaciones internacionales que los apoyen regularmente, organizan viajes al interior de mi país, a los lugares con más necesidad, y traen sanidad bucal a niños y personas que desesperadamente necesitan de esos servicios.

Alberto vive en Chicago. Es un excelente amigo mío y la persona más capaz que conozco en el mundo cuando uno habla del tema de redes de computadoras. Él trabajó instalando las redes de computadoras de una de las compañías de hamburguesas más grandes del mundo en las afueras de la ciudad. Es un verdadero genio.

Alberto me confesó que tiene una meta en la vida: acumular suficiente capital como para jubilarse temprano en la vida y de esta manera poder viajar ofreciendo gratuitamente sus servicios y experiencia a organizaciones de bien social alrededor del mundo.

¿Te gustaría ver un par de videos sobre lo que unos amigos del alma llamados World Vision Ecuador están haciendo gracias a la generosidad de sus compatriotas?

Video 1: Emprendedurismo juvenil.[3]

Video 2: Voluntarios que cambian vidas.[4]

Puedes ver estos videos en tu computadora o compartirlos con otros en www.andrespanasiuk.com/comollego.

Ahora que he viajado ampliamente por el mundo, me he dado cuenta de que hay muchísima gente normal y corriente haciendo cosas extraordinarias en los lugares más recónditos del mundo.

Sin embargo, quisiera expresar aquí una palabra de precaución con respecto a las personas y organizaciones a las que hemos de ayudar con nuestro tiempo, talento y tesoros. Me gustaría mencionarte algunas pautas a considerar antes de dar a cualquier organización o persona. Antes de donar, hazte estas preguntas:

- ¿Cuántos años de existencia tiene esta organización?
- ¿Tienen metas concretas y claras o están tratando de ser todo para todos? («El que mucho abarca, poco aprieta», dice el refrán).
- ¿Hay gente que los conozca bien? ¿Qué dicen?
- ¿Cuál es la reputación del líder?
- ¿Cómo se reflejan en su vida los valores que mencionamos al comienzo de este libro?
- ¿Tiene la organización, parroquia o iglesia informes financieros periódicos?
- ¿Están esos informes disponibles para los donantes?
- ¿Tienen un auditor externo a la organización?
- ¿Tiene la organización una junta directiva o es una dictadura?
- ¿Son los miembros de la junta directiva miembros de la misma familia? ¿Cuántos?
- ¿Cuáles son los resultados concretos del trabajo de esta organización?
- ¿Qué porcentaje de los donativos se usan para recaudar más donaciones?
- ¿Cómo se establece el salario de los líderes de la organización?
- ¿Cuántos salarios mínimos gana el líder máximo?

Debemos recordar que estas son solo pautas para ayudarte a pensar en la dirección correcta al momento de decidir en qué vas a invertir el dinero que tienes para dar. «Hay de todo y para todos en este mundo cruel», dice un amigo mío, ¡y tiene razón! Una de las marcas de un buen administrador es, justamente, gestionar de manera correcta hasta lo que uno ha de dar a otros.

Recuerdo que me contaron en Miami la historia de una mujer que comenzó una «pirámide» económica «para el bien de todos», según decía. Sin embargo, cuando el pozo llegó a los 5.000 dólares no dio más signos de vida y desapareció del mapa.

En otra historia de terror del sur de la Florida una familia, supuestamente necesitada, recaudó miles de dólares en efectivo entre las iglesias de la zona, luego compró muebles y artículos del hogar a crédito, colocó todo en un contenedor y se mudó de vuelta a su país en Centroamérica dejando deudas y a los benefactores boquiabiertos.

Antes de ayudar a un individuo, uno se debe preguntar:

- ¿Por qué ha llegado a esta situación?
- ¿Hay algún Principio «P» que ha estado violando?
- ¿Qué valores tiene este individuo o familia?
- ¿Qué me dice esta situación económica particular sobre sus valores personales? (Recordemos lo que me decía mi mentor, el Dr. Larry Burkett: «La forma en la que manejamos nuestro dinero es una expresión externa de una condición espiritual interna»).
- ¿Está dispuesto(a) a corregir errores o solo quiere el dinero?
- ¿Está viviendo con un plan económico? Si no es así, ¿estaría dispuesto(a) a vivir en el marco de un plan?

En las contestaciones a esas preguntas se encuentra la base de nuestra decisión de ayudar a alguien. Sea desconocido, amigo o familia.

Lo siguiente que te recomendaría al momento de ayudar a otra persona (y esto lo hago por la cantidad de historias de terror que escucho sobre este asunto) es que nunca prestes ni ayudes a alguien con dinero a menos que se lo puedas regalar. Esto no quiere decir que se lo tengas que obsequiar. Simplemente quiere decir que si no se lo puedes regalar, no se lo deberías prestar.

La razón es simple: las relaciones son mucho más importantes que el dinero, y si la persona a la que ayudaste no te lo puede devolver, siempre se lo puedes regalar y así mantener el trato interpersonal. Si estás en la disposición de destruir una relación por cuestiones de dinero, hay cosas que —de pronto— te deberías sentar a pensar.

Una universidad en un país de Sudamérica se encuentra hoy en un aprieto económico justamente por esa razón. Un líder comunitario quería organizar un evento musical hace algún tiempo y fue a pedirle a la universidad que le prestara el dinero.

El presidente universitario, amigo del que vino a pedir prestado, se opuso al préstamo, porque a pesar de tener una gran cantidad en el banco, esa suma era para pagar bonos a los trabajadores y profesores universitarios al final del año. Sin embargo, el líder comunitario tenía suficientes amigos en la junta directiva de la universidad como para pasar por encima de la decisión del presidente.

Para hacer la historia corta, diremos que le prestaron los miles y miles de dólares y que el evento musical que debía atraer a decenas de miles de personas solo tuvo una concurrencia de unos pocos cientos.

Ahora, frente al fracaso total, este líder está enviando a algunos de sus amigos a hablar con el presidente de esa universidad para que le perdone la deuda contraída.

Entonces es cuando este hombre de honor me llama y me dice: «Andrés, si fuese el dinero de mis ahorros se lo regalo. ¡Pero es el dinero de los trabajadores y los profesores de la universidad!».

¡Cuántas historias de terror como esa escucho a lo largo de nuestro continente!

El asunto funciona más o menos así: (a) el amigo o familiar de alguien le pide dinero prestado; (b) la víctima presta el dinero que, en realidad, necesita para otra cosa; (c) como el ingrato promete que se lo va a devolver en una determinada fecha, se lo presta de todas maneras; (d) a fin de cuentas, el pago no llega y ahora la miseria tiene compañía.

Alguien me dio este consejo que nos ha dado muy buen resultado: cuando un amigo o familiar nos pide dinero prestado, mi esposa y yo (¡tiene que ser una decisión de los dos!) vemos qué pasaría si le regalamos ese dinero. Si no nos afecta el plan, ni los compromisos futuros, se lo prestamos.

Si nuestro amigo o familiar no nos puede pagar por alguna razón valedera, entonces mi esposa y yo le decimos: «No te preocupes, tómalo como un regalo de nuestra familia para la tuya». Hemos perdido dinero, pero hemos salvado una amistad.

Dejo el tema con una breve historia que a veces cuento en mis conferencias:

> Se dice que una vez un mendigo estaba pidiendo dinero al costado del camino cuando pasó a su lado el famoso Alejandro el Grande. Alejandro lo miró y, con un gesto bondadoso, le dio unas cuantas monedas de oro.

> Uno de los sirvientes del gran conquistador, sorprendido por la generosidad de Alejandro, le dijo: «Mi señor, algunas monedas de cobre podrían haber satisfecho adecuadamente la necesidad de este mendigo. ¿Por qué darle oro?».

El conquistador miró a su paje y le contestó con sabiduría: «Algunas monedas de cobre podrían haber satisfecho la necesidad del mendigo, pero las monedas de oro *satisfacen la generosidad de Alejandro*».

Aprendamos a dar a un nivel económico que no solamente satisfaga las necesidades físicas de los demás sino que, por sobre todo, satisfaga la generosidad de nuestro corazón.

Para poner en práctica

 Te comparto un video que me tocó el corazón con respecto al tema de la generosidad.[5] Es un cortometraje de solamente unos seis minutos. Vale la pena verlo y quizá compartirlo con tus hijos si los tienes.

 Puedes encontrar un enlace a este video en la sección dedicada a este libro en la página www.andrespanasiuk.com/comollego.

A continuación tenemos un resumen de las cinco ideas que acabo de compartir contigo. Toma un tiempo para revisarlas antes de continuar.

- Debemos dar voluntariamente.
- Debemos dar desinteresadamente.
- Debemos dar generosamente.
- Debemos dar humildemente.
- Debemos dar sabiamente.

Si deseas saber a qué clase de organizaciones apoyar con tus finanzas, piensa: «¿Qué tipo de cosas realmente me molestan?» o «¿Qué tipo de cosas me enojan?». Luego, busca organizaciones que resuelvan ese problema y apóyalas de todo corazón.

Por ejemplo, a mí me enoja ver la pobreza y la opresión económica en la que se encuentra el pueblo de habla hispana alrededor del mundo. Por eso, mi esposa y yo apoyamos la creación de una ONG e invertimos en ella y en otras con nuestras tres «T»: tiempo, talento y tesoros.

¿Hay alguna organización que recuerdes en la que quisieras invertir tu tiempo, tu talento o tus tesoros?

(1). _____

(2). _____

(3). _____

¿Qué podrías aportar específicamente? Escribe, en una lista, las cosas que podrías aportar a esas organizaciones.

(1). _____

(2). _____

(3). _____

5. Paga tus préstamos

Ahora que tenemos un plan para controlar gastos y sabemos cómo estamos gastando el dinero, una de las primeras metas que deberíamos establecer es tener una vida libre de préstamos y dejar de pagar intereses a los prestamistas y los bancos. Las deudas de «consumo» son aquellas que hemos asumido al adquirir artículos que pierden su valor con el tiempo o que hemos comprado para «consumir» (heladeras, lavarropas, alimentos, ropa, radio, televisor, etc.).

En realidad, no deberíamos tener deudas generadas por el consumo. Deberíamos aprender a ahorrar y comprar al contado. El hecho de que tengamos deudas de consumo puede ser una indicación de que estamos consumiendo más de lo que deberíamos.

Aquí hay una buena regla a seguir: si uno siempre gasta menos de lo que gana, ¡nunca tendrá que pedir prestado!

En vez de escuchar el canto de las sirenas financieras que cantan «compra ahora y paga después», deberías «ahorrar ahora y comprar después», evitando siempre el pago de intereses que te desangran económicamente.

¿Cuáles son las causas de las deudas?

Hay muchas y diversas motivaciones por las que la gente cae en las garras de las deudas. Hay razones que tienen que ver con el «ser» y otras que tienen que ver con el «hacer». Por ejemplo, en el tema del ser los problemas vienen por:

- Falta de orden en nuestras finanzas.
- Impaciencia, falta de perseverancia (no sabemos esperar).
- Falta de madurez emocional.
- Poca previsión.

- Problemas de identidad: tomamos nuestra identidad de las cosas que compramos.
- Adicciones.
- Avaricia.
- Falta de amor y aprecio a la libertad.
- Competencia económica con otros.
- Falta de disciplina, etc.

Por el lado del «hacer», muchas veces caemos en deudas porque:

- No tenemos un plan de control de gastos.
- No tenemos un fondo de emergencias.
- No tenemos límites establecidos a nuestro estatus social.
- Estamos estructurados de manera ineficiente en la pareja.

Por último, tenemos una serie de cosas que son las que *desencadenan* la deuda. Son eventos y circunstancias que, cuando ocurren en nuestras vidas y nos encuentran con problemas del ser y el hacer del dinero, nos empujan al endeudamiento. Por ejemplo:

- Pérdida del empleo.
- Accidentes y enfermedades.
- Roturas en la casa y el transporte.
- Disminución del ingreso.
- Llegada de un bebé.
- Fallecimiento de un miembro de la familia.
- Separación o divorcio.

Una de las causas más comunes del endeudamiento es porque la persona se ha «estirado» económicamente más allá de lo que debía. Por ejemplo, ha comprado o rentado una casa más costosa de lo que realmente podía pagar, o un auto más caro del que tendría que haber adquirido, o ha hecho un negocio en el que no se tendría que haber involucrado.

Al principio, el individuo no sufre las consecuencias de estar gastando más de lo que debiera porque hay gastos que no ocurren todos los meses. Por ejemplo, el auto no se rompe todos los meses, la casa no tiene problemas todos los meses, la familia no se enferma todos los meses, las emergencias no vienen a nuestra vida todos los meses.

Muchas veces la gente dice: «Caímos en deudas porque nos vino una situación inesperada». Y yo pienso: ¡Lo inesperado no sería tan inesperado si lo estuvieras esperando!

Las cosas «inesperadas» van a venir a nuestra vida. Espéralas. Somos seres humanos, crecemos, vivimos, nos movemos; las cosas inesperadas nos van a ocurrir. Entonces, existe una sola forma de prepararnos para lo inesperado: ahorrando con regularidad y creando un «fondo de emergencias».

A partir de hoy, debes tomar aunque sea el 5 % de tu IND y colocarlo aparte para situaciones inesperadas. Tu meta es lograr tener, en efectivo (ya sea en una cuenta de banco o debajo del colchón, como lo hacían nuestros abuelitos), por lo menos de dos a tres meses de gastos familiares. Por ejemplo, si tu ingreso neto disponible es de $800 al mes, tu meta debería ser tener entre $1.600 a $2.400 en dinero en efectivo como un fondo de prevención para situaciones inesperadas.

Por supuesto que existen excepciones a la regla, pero en general, si estamos comprando «fiado», si hemos caído en las manos de prestamistas o bajo la opresión de las tarjetas de crédito, se debe a que, por un lado, no estamos ahorrando con regularidad, y por el otro, estamos comprando cosas que no deberíamos tener de acuerdo al nivel económico al cual pertenecemos.

¿Cómo evitar problemas con las deudas en tarjetas de crédito?

Una vez, cuando terminé una de las sesiones de un seminario sobre el contenido de este libro, alguien se me acercó y me dijo:

«¿Sabes cómo se conjuga el verbo "tarjetear"? Se conjuga: «Yo debo, tú debes, él debe...».

¡Esa es una gran verdad! El uso de las tarjetas de crédito nos ha llevado a una situación generalizada de deudas, en la que la esclavitud financiera se está convirtiendo en un verdadero dolor de cabeza para muchísimas personas. Las deudas y las tarjetas se acumulan, y juntamente con ellas las tensiones familiares y personales.

Los compromisos contraídos por los residentes en Estados Unidos se han duplicado en los últimos dieciséis años. Eso incluye las hipotecas, los préstamos de autos y las tarjetas de crédito. De acuerdo al banco de la Reserva Federal en Nueva York, este nivel de deuda en los hogares norteamericanos ha llegado a los dieciséis billones de dólares («trillions», en inglés). Son dieciséis «millones de millones» de dólares.[1]

Para tener una idea de la seriedad del asunto: si colocáramos billetes de cien dólares, uno encima del otro, con mil millones de dólares haríamos una columna de unos 100 kilómetros de alto (unas setenta millas). Un *billón* de dólares harían una columna de más de **¡cien mil kilómetros de alto!**

Los números son tan estratosféricos que no nos caben en la cabeza.

¿Y cómo andamos por tu casa? Si somos francos, no mucho mejor que los norteamericanos. El crédito fácil ha sido un veneno para muchas de nuestras familias. Por un lado, porque muchos de nosotros crecimos en un pasado donde tener crédito era solo una cosa de ricos y, entonces, nunca aprendimos a manejarlo. Por el otro, las oficinas de mercadeo en estos días promueven la idea de «téngalo ahora y pague después», una filosofía de consumo peligrosa.

Así que, antes de «tarjetear», toma en cuenta estas recomendaciones para no tener problemas con el uso de tu crédito jamás:

A. <u>Nunca compres algo con la tarjeta que no esté en tu plan.</u>

Cuando te encuentres frente a la posibilidad de una compra, considera si lo que vas a adquirir está dentro de tu plan. Si no está dentro del plan de control de gastos de la familia, da media vuelta y márchate. El único problema que este principio trae asociado es que muestra una realidad en nuestras vidas: ¡primero debemos ordenarnos!

Nunca «desvistas a un santo para vestir a otro». Si estás comprando comida, ropa y otras necesidades básicas de tu familia a crédito, es que te has gastado primero ese dinero en algún otro lado. Pregúntate: ¿por qué no tenemos el dinero disponible?

B. <u>Comprométete a pagar cada mes el 100 % del balance.</u>

Te animo a que hagas ese compromiso personal y familiar hoy mismo. Aunque ya tengas muchas deudas en tu tarjeta, prométete que cuando llegue el fin del mes, pagarás todo lo que cargaste en la tarjeta durante el mes y, además, los intereses correspondientes. De esa manera, te asegurarás de no caer más profundamente en el pozo.

Hoy, con el alto interés que están cobrando las tarjetas y lo pequeño que es muchas veces el pago mínimo, si haces solamente ese pago no saldrás fácilmente de tu esclavitud económica. Aún más, en algunos casos específicos, si haces el pago mínimo que indica la tarjeta y, por alguna causa, lo haces tarde, en realidad no solo no avanzarás en la reducción de tu deuda, ¡sino que continuarás hundiéndote!

Mira este ejemplo:

Si tienes un balance de: 5.000 (pueden ser dólares, pesos, lempiras, lo que quieras)
Si te cobran un interés de: 28 % anual
Si haces el pago mínimo: 150 (de nuevo, la moneda de tu país)

Terminarás pagando: 9.781,50
Tardarás en pagarlo: 5 años
Habrás pagado: 4.781,50 (casi el DOBLE) de intereses

¿Puedes ver cómo las tarjetas y otros créditos de consumo te **desangran** económicamente? Te estás descapitalizando, ¡y ni siquiera te das cuenta!

C. Comprométele a no usar más tu tarjeta de crédito.

Usar tarjetas no es malo. El asunto es cómo las usamos.

Si uno ha hecho el compromiso de pagar cada mes todo lo que coloca en la tarjeta de crédito y, de pronto, hay un mes en el que no puede cumplir con su promesa, entonces debe aplicar este tercer principio, que es en realidad una buena forma de practicar nuestras habilidades como chef. Esta es una receta de cocina que me pasaron hace algún tiempo:

— Calienta el horno a fuego mediano hasta llegar a los 170 °C (350 °F).

— Prepara una bandeja para pizza y úntala con aceite o manteca.

— Coloca tus tarjetas en la bandeja y esta en el horno por quince minutos.

— Llama a la compañía y diles que cuando caduque la tarjeta, no quieres que te manden ningún reemplazo.

No te sientas mal. Eso no quiere decir que uno es un inútil porque las tarjetas no son para uno. Lo que ocurre es que hay ciertos tipos de personalidad que manejan mejor los conceptos y las ideas concretas. Esas personas (entre ellos tengo algunos amigos míos muy cercanos) no deben manejar un concepto abstracto como el del crédito. «Tarjetear» no es para ti. Maneja dinero en efectivo.

Si cumples en tu vida financiera estos tres simples principios económicos, nunca tendrás problemas con este tipo de deudas, ¡y desde ahora podrás comenzar a conjugar el verbo «tarjetear» de una manera diferente!

¿Cuáles son algunas pautas, normas o reglas para pedir prestado?

Pedir prestado, a través del tiempo y las culturas, siempre se asocia con una idea negativa y no recomendable.

«El deudor es esclavo del acreedor», decía un antiguo proverbio del Medio Oriente,[2] y estoy de acuerdo con eso. Así es como mi esposa y yo nos sentíamos en nuestra juventud, cuando llevábamos vidas esclavizadas, trabajando para pagar tarjetas de crédito y otros préstamos.

Creo de corazón que, por regla general, mientras debas dinero a alguien, te conviertes en esclavo de esa persona o institución. El que pide prestado está generando una dinámica muy peligrosa en la que, si no es cauteloso y disciplinado en devolver lo que debe, puede permanecer en esa situación por años, descapitalizándose y volviéndose más pobre.

Ama la libertad. Abrázala. Enséñales a tus hijos e hijas a desearla de todo corazón. Si lo haces, vivirás una vida mucho, mucho más tranquila.

Estudiando los escritos del islam, del cristianismo y del judaísmo me he dado cuenta de que ninguna de esas religiones prohíben pedir prestado. Sin embargo, en todas la deuda se presenta como algo indeseable, que uno debería hacer solo en casos extremos. En nuestros días, lamentablemente, el crédito se ha convertido en un integrante más de nuestra planificación económica, en la que los bancos y financieras han encontrado la manera de esclavizar a grandes cantidades de personas en cada país.

Pedir prestado debe ser un compromiso a corto plazo.

Muchos bancos y compañías de crédito están prestando dinero a gente que jamás debería recibir un préstamo. En Estados Unidos, en los primeros tres meses del año 2022, los norteamericanos recibieron casi diecinueve millones de nuevas tarjetas de crédito.[3]

Los prestamistas están flexibilizando las reglas para prestar dinero porque yo creo que el negocio de ellos es tener a las personas pagando intereses y no pagando sus deudas. Es por eso que la gente hoy se está endeudando por mucho más de siete años, como lo recomiendan los antiguos escritos de la ley de Moisés, por ejemplo.[4]

Recuerdo que, visitando la ciudad de Chicago, tiempos atrás me encontré con hipotecas de cuarenta años... ¡y últimamente he descubierto en Estados Unidos hipotecas de hasta cincuenta años![5]

Si una parejita de treinta años asume una hipoteca de cuarenta o cincuenta años, no solo se están endeudando ellos. ¡Están endeudando también a la siguiente generación!

Nosotros, entonces, deberíamos tratar de pagar nuestras deudas lo antes posible.

<u>Lo que se pide prestado se debe devolver.</u>

Lo que se pide, se paga. Si te comprometiste con alguien a pagarle algún dinero, diste tu palabra, no importa que hayas firmado un papel o no. Tu palabra representa tu honor, tu carácter, tu «ser».

Es el privilegio del acreedor perdonarte la deuda, no el derecho del deudor demandar la liberación de su compromiso.

Creo firmemente en la negociación cuando estamos apretados, pero también pienso que todo compromiso que se haya hecho de manera ética y moralmente correcta debe cumplirse.

Esa es la razón por la que el concepto de la quiebra sin restitución del capital no debería existir en nuestras mentes. Solo en un caso extremo (y como último recurso) es justo usar un recurso legal de amparo como lo es la bancarrota (o «quiebra») para protegerse del asedio de acreedores agresivos. Sin embargo, creo que es inmoral «esconder» bienes, por ejemplo, para evitar pagar deudas.

Cada una de las deudas adquiridas, al final se deberían pagar... aunque nos tome el resto de la vida hacerlo.

Leí alguna vez en internet que el carácter de una persona no se forja en los momentos difíciles, solo se demuestra.

No importa lo que diga la ley del país entonces. La moral nos dice que nuestro «sí» debe ser «sí» y nuestro «no» debe ser «no»; y que es mejor no hacer una promesa, que hacerla y no cumplirla.

Es por eso que debemos pensar muy bien las cosas antes de contraer un compromiso.

<u>Solo deberíamos pedir prestado bajo el principio del compromiso garantizado.</u>

El principio del compromiso garantizado (PCG) dice que «**uno no debe hacer un compromiso económico a menos que tenga**

certeza absoluta de que lo puede pagar». El problema con las deudas no está en contraerlas, se encuentra en la manera en las que nos metemos en ellas. A veces, somos casi suicidas por la forma en la que estructuramos nuestros préstamos.

Cuando uno entra en una deuda, lo primero que se debe preguntar es: «¿Cómo salgo de ella?». La primera cosa que uno debe hacer cuando uno entra en una deuda es «dibujarse» una puerta de salida.

Este principio, por ejemplo, se hace claro en la compra de un auto nuevo. Ni bien manejamos el auto fuera de la concesionaria, ya perdió un buen porcentaje de su valor. Si al tomar el préstamo para su compra no hemos dado un buen anticipo (o «enganche»), ya comenzamos a manejar nuestra vida económica por el sendero equivocado.

Supongamos que lo hemos comprado para pagarlo en cuotas mensuales por los próximos cinco años y resulta ser que de aquí a un par de años tenemos una emergencia. Cuando deseemos venderlo, ¡el dinero que recibiremos por él no alcanzará para pagar la deuda original! Nuestra deuda (pasivo) es mayor que los pagos que hemos hecho por el auto (activo). Hemos violado el PCG.

De acuerdo con un artículo publicado en la página de la empresa LendingTree, en el año 2022, el precio de un auto promedio en Estados Unidos llegó casi a los cuarenta mil dólares,[6] las tasas de interés a casi el 5 % y la cantidad de meses en promedio que los norteamericanos tomaron un préstamo para pagar ese auto es de sesenta meses (cinco años).

Piensa. Si contrajiste un préstamo por cuarenta mil dólares y después de dos años tienes un gran problema y quieres vender el auto para disminuir deudas, esto es lo que te va a ocurrir:

Valor del auto: $40.000
Pérdida de valor el primer año: $8.000 (20 %)
Pérdida de valor el segundo: $6.000 (15 % los siguientes años)

Si manejaste el auto bien y le hiciste un buen mantenimiento, probablemente una vez que calcules la cantidad de millas recorridas puedas recibir $23.000. El problema es que para el mes veinticuatro todavía debes **$25.186.**

Entonces, pagaste por tu auto $755 fielmente cada mes por los últimos dos años, pero cuando lo vendes, ¡todavía te quedas debiendo dinero! Has violado el principio del compromiso garantizado. Tu pasivo es más grande que tu activo.

Para contrarrestar este problema, en el caso de un auto o de una casa, podríamos poner la suficiente cantidad de dinero de anticipo o «enganche». Si pusieras $10.000 de enganche, a los veinticuatro meses deberías todavía casi $18.900; eso te dejaría con algo de dinero en la cuenta de banco si tuvieras que vender el auto en un momento de emergencia.

Lo mejor, por supuesto, es ahorrar primero y pagar al contado el automóvil que queremos comprar. Lo único que debemos hacer es revertir el «ciclo». En vez de comprar el auto primero y pagarlo en cuotas después, pagarnos a nosotros mismos las cuotas en una cuenta de ahorros en el banco y comprar el auto después.

Recuerda que, cuando hablamos de pagar intereses, en la economía de nuestros días el juego se llama: «El que paga, ¡pierde!».

Por último, entonces, cuando contraemos un préstamo, cualquiera sea el motivo, lo primero que debemos pensar es: «¿Cómo salgo de esto en caso de emergencia?». Debemos manejar nuestras finanzas de la misma manera en la que deberíamos conducir nuestro automóvil: siempre pensando hacia dónde maniobrar en caso de accidente.

¿Cómo salimos de las deudas que nos están ahogando?

Cuando mi esposa y yo nos pusimos en contacto con los materiales de mi mentor, el Dr. Larry Burkett (1939-2003), teníamos deudas por más de 65.000 dólares. No éramos tontos. Simplemente ignorábamos cómo manejar adecuadamente nuestras finanzas.

Aquí hay una pequeña lista de nuestras malas decisiones:

— A pesar de rentar en Chicago, habíamos comprado una casa en el sur de la Florida, como «inversión». Esa fue una terriblemente mala inversión.

— Teníamos un auto que era «el rey de los limones»: ¡en los cuatro o cinco años que lo tuvimos nunca anduvo bien! Nunca, por ejemplo, le funcionó la calefacción... ¡en Chicago!

— Gastábamos regularmente más de lo que ganábamos (no mucho más, pero con constancia y a través de los años, las deudas se nos acumulaban).

— Les habíamos pedido prestado a los bancos, a las tarjetas, a los suegros, a los amigos... ¡hasta a la abuela que tenía casi noventa y cuatro años!

La verdad es que no sabíamos cómo salir del asunto y ni siquiera entendíamos cómo nos habíamos metido en los problemas que teníamos. Es en este contexto que ahora te voy a dar algunas sugerencias prácticas para salir del pozo (aunque no sea demasiado profundo).

Si me haces caso, sales. Te lo aseguro. Con nuestra ONG y los líderes comunitarios que hemos certificado, hemos ayudado a decenas de miles de familias a ser financieramente libres. Mis recomendaciones:

Practica la honestidad, la transparencia y mantén la comunicación abierta

Necesitas mantener la comunicación abierta con tus acreedores. Todos ellos tienen algo en común: quieren cobrar sus préstamos. Trata a los demás como quisieras que te trataran a ti.

Si uno de tus deudores estuviera en problemas para pagarte el dinero que con tanto esfuerzo invertiste en prestarle, ¿no quisieras que él te dijera toda la verdad y te diera una idea clara y sincera de su capacidad de pago? Haz tú lo mismo.

Evalúa la situación de tus deudas

Escribe en una planilla, similar a la que te he preparado un poco más adelante, ciertos datos correspondientes a tus deudas que te ayudarán en el proceso de negociación. En algunos casos puede que las cantidades de dinero que debes estén divididas en dos: un grupo de deudas mayores y otro de deudas menores.

Agrupa tus deudas de acuerdo a la cantidad que debes. Sepáralas en esos dos grupos (grandes y pequeñas). Luego, dentro de cada grupo, ordena tus deudas de acuerdo a los intereses que estás pagando. De mayor cantidad de intereses a menor.

Aquí te doy un ejemplo. Total de deudas: $118.220, incluyendo la hipoteca. En el plan de pago de deudas no vamos a contar el pago de intereses, para hacer más sencilla la explicación. Pero, en la vida real, hay que recordar que para cada deuda, los pagos mensuales incluyen una porción de pago del capital original y una porción de intereses.

Primer paso: genera un excedente en el plan de controlar gastos para pagos «extra».

Una de las ventajas de haber creado un plan para controlar gastos al comienzo de esta sección es que, ahora, puedes tomar decisiones difíciles para crear un «nuevo plan» que te genere un excedente de dinero que puedas invertir en hacer pagos «extras» a tus deudas (un poco más adelante, te explico cómo hacer eso).

Para crear un excedente, tienes solo tres opciones:

- Bajar tus gastos.
- Subir tus ingresos.
- Hacer las dos cosas al mismo tiempo.

En casa, elegimos tomar la opción número 3 cuando comenzamos a pagar nuestras deudas. No fue fácil. Los sacrificios que hicimos, todavía los recordamos como si los hubiésemos hecho ayer. Pero jamás de los jamases nos vamos a arrepentir de haberlos hecho. ¡Abrieron las puertas de nuestra libertad!

El «excedente» no necesita ser demasiado grande. En este ejemplo vamos a trabajar con un excedente de cincuenta dólares. Eso es lo que uno gana en menos de un día de trabajo en Estados Unidos. Mi recomendación es que generes un excedente que represente entre dos o tres días de trabajo al mes.

No necesitas buscar otro empleo. Puede que haciendo un pequeño trabajito en casa por las noches o durante el fin de semana puedas generar esa cantidad de dinero al mes. Entre el trabajo «extra» y los sacrificios presupuestarios, puedes tener todo lo que necesitas para comenzar a caminar por el sendero de la Sanidad Financiera.

Segundo paso: agrupamos de acuerdo a la cantidad que debemos. Las deudas grandes arriba de la línea remarcada en negro, las pequeñas abajo.

Nombre de la deuda	Contacto y número de teléfono	Cantidad que todavía debo	Cuota o pago mensual	Interés que me están cobrando	Notas
Casa	Banco del Dolor 998-8776	$98.000	$700	8,25 %	banco@dolor.me
Auto	Banco Rápido 234-5678	$12.800	$324	9,50 %	
Tarjeta	Master-Tuyo 123-4567	$3.570	$125	18,50 %	dueño@master.tu
Tarjeta	Mala-Viză 887-7655	$2.200	$80	23,50 %	
Préstamo papá		$650	$25		Le pagamos de interés solo lo que haya de inflación
Televisión o sonido	Barato y Fiado 456-7890	$560	$20	16 %	
Clínica	Matasanos, Inc. 112-2334	$440	$20	12 %	

Tercer paso: ordenamos las deudas de acuerdo a los intereses dentro de cada grupo.

Nombre de la deuda	Contacto y número de teléfono	Cantidad que todavía debo	Cuota o pago mensual	Interés que me están cobrando	Notas
Tarjeta	Mala-Vizã 887-7655	$2.200	$80	23,50 %	
Tarjeta	Master-Tuyo 123-4567	$3.570	$125	18,50 %	dueño@master.tu
Auto	Banco Rápido 234-5678	$12.800	$324	9,50 %	
Casa	Banco Dolor 998-8776	$98.000	$700	8,25 %	banco@dolor.me
Televisión o sonido	Barato y Fiado 456-7890	$560	$20	16 %	
Clínica	Matasanos, Inc. 112-2334	$440	$20	12 %	
Préstamo papá		$650	$25		Le pagamos de interés solo lo que haya de inflación

Ahora es tu turno. Si lo deseas, puedes fotocopiar esta hoja o si lo prefieres puedes bajar un archivo PDF en el sitio exclusivo de este libro, que se encuentra en www.andrespanasiuk.com/comollego.

Nombre de la deuda	Contacto y número de teléfono	Cantidad que todavía debo	Cuota o pago mensual	Interés que me están cobrando	Notas

Cuarto paso: contacta a tus acreedores y negocia los pagos mensuales.

Toma tu plan para controlar gastos y el plan para pagar deudas que te estoy mostrando aquí para poder sentarte con tus acreedores y negociar pagos mensuales que realmente puedas realizar.

Si, por alguna razón, no puedes pagar por lo menos el mínimo, escribe una carta a tus acreedores y proponles un nuevo plan de pago. Asegúrales que eres un hombre (o mujer) de palabra y que quieres pagarles todo lo que les debes (aunque te tome el resto de la vida). Trata de negociar la reducción o eliminación de intereses.

Te sorprenderías del tipo de arreglos a los que dos personas (una deudora y otra acreedora) pueden llegar si las dos quieren realmente encontrar la forma en la que las deudas queden pagas como se debe.

Quinto paso: enfoca el «excedente» en la deuda más pequeña.

Ese excedente de cincuenta dólares que generamos más arriba con decisiones sacrificiales y trabajos extras, lo usaremos para comenzar a pagar la deuda más pequeña. Sí... yo sé que muchos asesores financieros te aconsejarán concentrarte en las de mayor interés primero, como por ejemplo, la de la tarjeta «Mala-Viză» (23,50 %).

Sin embargo, a mí me gusta recomendar a mis amigos que empiecen a concentrarse en pagar primero las deudas de mayor interés, pero del grupo de «las más pequeñas». ¿La razón? Cuando terminas de pagar tu primera deuda, eso genera un impacto psicológico positivo. Vas a ver la luz al final del túnel. Te va a animar a seguir adelante. Mientras que, si la de mayor interés también tiene una gran cantidad de deuda, puede que te desanimes en el camino.

Entonces, en nuestro caso, suponiendo que te quedaran unos cincuenta dólares «extras» cada mes, además del dinero para hacer —por lo menos— el pago mínimo de tus deudas, mi sugerencia es que deberías concentrarte en la deuda de «televisión o sonido» y en vez de pagar veinte dólares, sumarle los cincuenta y pagar setenta dólares.

Cada mes, todos los acreedores recibirán el pago negociado. Siempre pagaremos la misma cantidad (1.344), pero comenzaremos enfocándonos en pagar la deuda de «televisión o sonido» más rápidamente.

¿Cómo se verían esos pagos entonces? (Recuerda que estamos aprendiendo el uso de la herramienta y por eso no consideramos el pago de intereses, solo del capital).

Mes 1	Mes 2	3	4	5	6	7	8	9
80	80	80	80	80	80	80	80	
125	125	125	125	125	125	125	125	
324	324	324	324	324	324	324	324	
700	700	700	700	700	700	700	700	
$70	$70	$70	$70	$70	$70	$70	**$70**	
20	20	20	20	20	20	20	20	
25	25	25	25	25	25	25	25	
1.344	1.344	1.344	1.344	1.344	1.344	1.344	1.344	

Último pago

Sexto paso: comienza el efecto acumulativo «bola de nieve».

Cuando terminas de pagar tu primera deuda, no toques ese dinero que ahora te queda «libre», sino que aplica ese pago que ahora no debes hacer más a «televisión o sonido» a la segunda deuda que habrás de liquidar: Clínica Matasanos, Inc.

De esa manera, ahora sumas a los veinte dólares que estabas pagando los setenta que ya no pagas a «televisión o sonido» y empiezas a pagar noventa dólares cada mes. Cuando termines con «Clínica Matasanos» tomarás todo ese dinero y lo sumarás al que estás pagando en la siguiente deuda que quieres eliminar (Préstamo papá). Luego, cuando terminas con «Préstamo papá» te mueves al grupo de las «deudas mayores» y empiezas con la que tiene el interés más alto.

¿Observas cómo tus pagos comienzan a acelerarse rápidamente? Es como una bola de nieve: primero comienza pequeñita, pero con el correr del tiempo aumenta increíblemente su tamaño, porque va «absorbiendo» los pagos anteriores en los pagos actuales.

Permíteme recordarte la situación actual, para no perderte en el camino:

Nombre de la deuda	Contacto y número de teléfono	Cantidad que has pagado	Cantidad que todavía debo	Cuota o pago mensual	Interés que me están cobrando	Notas
Tarjeta	Mala-Vizã 887-7655	$640	$1.560	$80	23,50 %	
Tarjeta	Master-Tuyo 123-4567	$1.000	$2.570	$125	18,50 %	
Auto	Banco Auto 234-5678	$2.592	$10.208	$324	9,50 %	
Casa	Banco Dolor 998-8776	$5.600	$92.400	$700	8,25 %	
Televisión o sonido	Barato y Fiado 456-7890	$560	$0		16 %	
Clínica	Matasanos, Inc. 112-2334	$160	$280	$20	12 %	
Préstamo papá		$200	$450	$25		Le pagamos de interés solo lo que haya de inflación

Entonces, continuamos con los pagos a partir del mes número nueve:

Mes 9	Mes 10	11	12	13	14	15	16	17
80	80	80	80	80	80	155	195	195
125	125	125	125	125	125	125	125	125
324	324	324	324	324	324	324	324	324
700	700	700	700	700	700	700	700	700
Pagado	Pagado	Pagado	Pagado	Pagado	Pagado	Pagado	Pagado	Pagado
90	90	90	**10**	Pagado	Pagado	Pagado	Pagado	Pagado
25	25	25	105	115	115	**40**	Pagado	Pagado
1.344	1.344	1.344	1.344	1.344	1.344	1.344	1.344	1.344

Presta atención:

En la semana doce pagamos los diez dólares que nos quedaban a la clínica y sumamos los otros ochenta dólares a la cantidad que estábamos pagando para el «Préstamo papá». En el mes quince, hicimos lo mismo con el «Préstamo papá»: pagamos los cuarenta dólares que nos quedaban, y sumamos los otros setenta y cinco al pago de la tarjeta «Mala-Viză». Entonces, después de diecisiete meses de pago acumulado, esta es nuestra situación financiera:

Nombre de la deuda	Contacto y número de teléfono	Cantidad que has pagado	Cantidad que todavía debo	Cuota o pago mensual	Interés que me están cobrando	Notas
Tarjeta	Mala-Vizä 887-7655	$1.470	$730	$195	23,50 %	
Tarjeta	Master-Tuyo 123-4567	$2.125	$1.445	$125	18,50 %	
Auto	Banco Auto 234-5678	$5.508	$7.292	$324	9,50 %	
Casa	Banco Dolor 998-8776	$11.900	$86.100	$700	8,25 %	
Televisión o sonido	Barato y Fiado 456-7890	$560	Pagado		16 %	
Clínica	Matasanos, Inc. 112-2334	$440	Pagado		12 %	
Préstamo papá		$650	Pagado			Le pagamos de interés solo lo que haya de inflación

¿Qué pasa, entonces, en los próximos nueve meses, a partir del mes dieciocho?

Mes 18	Mes 19	20	21	22	23	24	25	26
195	195	195	**145**	Pagado	Pagado	Pagado	Pagado	Pagado
125	125	125	175	320	320	**255**	Pagado	Pagado
324	324	324	324	324	324	389	389	389
700	700	700	700	700	700	700	700	700
Pagado	Pagado	Pagado	Pagado	Pagado	Pagado	Pagado	Pagado	Pagado
Pagado	Pagado	Pagado	Pagado	Pagado	Pagado	Pagado	Pagado	Pagado
Pagado	Pagado	Pagado	Pagado	Pagado	Pagado	Pagado	Pagado	Pagado
1.344	1.344	1.344	1.344	1.344	1.344	1.344	1.344	1.344

Al final de un poco más de dos años de trabajo, perseverancia y dominio propio, finalmente hemos reducido nuestras deudas a las dos de más tamaño: el auto y la casa. En diez meses más (justo al final de los tres años de planeamiento), seremos libres de todas las deudas, excepto la de la casa. Hemos reducido deudas por valor de $118.220 a un poco menos de $73.000, quedándonos solo con la hipoteca de la casa. Y si continuamos pagando a este ritmo, pagaremos la hipoteca de la casa... ¡en solamente seis años más!

Ahora bien, seguro que si sumamos los pagos de los intereses, los tiempos se habrán de alargar. Pero la enseñanza principal es la misma: si te fijas en el pago que estabas haciendo a «Master-Tuyo», el mes número veinte estabas pagando $125, y dos meses después estabas pagando $320. Allí se encuentra el poder y el secreto de ese sistema para salir de deudas: **la perseverancia y el dominio propio te llevarán a la multiplicación de tus pagos y a una salida de deudas muchísimo más rápida.**

Por último: comprométete a vivir libre de deudas.

No es fácil vivir sin deudas en una sociedad moderna que marcha hacia la integración económica y hacia el crecimiento económico a través de la deuda y el consumo de bienes y servicios.

Por otra parte, también sentimos la presión de que ahora, gracias a que podemos pagar a crédito, podemos obtener cosas que nos hubiera llevado años conseguir en el pasado.

Mi palabra, en este caso, es una de precaución. Como dijimos antes, no es malo pedir prestado y, en algunos casos, uno puede encontrar programas gubernamentales que nos permiten acceder a una casa digna con un pago mensual realmente bajo. Los principios a tener en cuenta al momento de contraer un préstamo ya los discutimos.

Aprendamos a ejercer el dominio propio que, con el correr de la larga carrera de la vida, siempre ha demostrado dejarnos con la mayor cantidad de dinero en nuestra cuenta de banco.

Para poner en práctica

El quinto ingrediente del éxito es pagar completamente todas nuestras deudas.

 ¿Te gustaría verme enseñar en un video lo que te acabo de explicar por escrito? Escanea este código QR para ver el video llamado «Ingredientes para la sanidad financiera: pagar todos los préstamos». Te explico de manera personal cómo salir de tus deudas. Duración: 24 minutos.

Estos son los pasos sugeridos para hacer un plan de pago de deudas:

- Generamos un excedente
- Agrupamos las deudas de acuerdo a la cantidad
- Reagrupamos las deudas de acuerdo a los intereses
- Negociamos con nuestros acreedores
- Enfocamos un «excedente» en la deuda más pequeña
- Comenzamos el efecto «bola de nieve»
- Nos comprometemos a vivir libres de deudas

Dedica un tiempo a meditar en tu situación personal de deudas y préstamos. ¿Hay algunas decisiones que debas hacer con respecto a tus deudas (si las tienes)?

_____

_____

_____

_____

6. Prepárate para la edad madura

Es importante prepararnos durante los años de nuestra juventud, en los días de nuestro «verano», para cuando llegue el otoño y el invierno de nuestra existencia. Esos serán los días en los que vamos a tener la libertad de dejar el trabajo que estamos haciendo y vamos a poder recibir un sustento económico para hacer otras cosas.

Es importante notar que la jubilación o el retiro es un invento moderno y no hay ninguna ley moral ni física que nos diga que necesariamente debemos dejar de trabajar a los sesenta y cinco años. Nadie, de pronto, es inútil para la sociedad el día que cumple esa edad.

Conozco personas que se han retirado entre los cuarenta y cuarenta y cinco años de edad, y gente que ha planeado su retiro y lo ha hecho a los cincuenta. Por otro lado, tengo familiares que tienen más de ochenta años y continúan su vida productiva.

Debemos planear para el futuro, para el momento en que vayamos a dejar nuestro trabajo habitual, tomando en cuenta que hay mucha gente que está viviendo cada vez más debido al continuo avance de la ciencia, la tecnología y la medicina. El Seguro Social y la jubilación que proveen nuestros países no siempre son suficientes para vivir una vida digna. Es una gran ayuda, pero no es lo que necesitamos para vivir dignamente.

Deberíamos tener un plan para cómo vivir y recibir ingresos cuando estemos listos para el retiro. En general, para poder jubilarnos y mantener el mismo estándar de vida que tenemos ahora, necesitaremos proveernos de un salario que sea aproximadamente el 75 % de nuestras entradas actuales. Sin embargo, nadie nos dice que debemos abandonar la fuerza laboral a los sesenta y cinco años de edad.

Trabajar más allá de nuestra jubilación puede ser algo positivo. Nos da algo que hacer. Mantiene nuestra mente en funcionamiento. Nos hace sentir cómodos, útiles, sabiendo que estamos aportando algo a la sociedad en la que vivimos. Ese será el momento de hacer un cambio de carrera o de invertir en los demás.

Muchas veces tratamos a nuestros ancianos jubilados como gente inútil, cuando en realidad no lo son. Tienen una gran cantidad de valiosísima experiencia que han acumulado a través de los años. Es importante ponerla a trabajar.

Entonces, no necesariamente uno debe detener toda la actividad a una determinada edad. Uno puede seguir con su carrera, cambiarla y estudiar otra cosa, hacer nuevos negocios, ayudar a los más jóvenes, salir de viajes, etc. Siempre es bueno llevar una vida activa y, sobre todo, vivirla sintiéndose útil a los demás.

Tengo un amigo que es un excelente veterinario; sin embargo, la pasión de su vida es la carpintería. Me dice que está haciendo lo posible y lo imposible para poder jubilarse temprano y así dedicarse a viajar por el país ayudando en proyectos de construcción para organizaciones sin fines de lucro. Todavía no ha llegado a los cuarenta… ¡y ya se está armando con su equipo de herramientas!

Para eso, uno tiene que mirar hacia el futuro y pensar qué es lo que va a necesitar cuando llegue a la edad de la jubilación o el retiro. Luego, es importante tener un plan financiero a lo largo de los años que nos permita generar el ingreso que necesitaremos para cuando lleguemos a ese momento de nuestras vidas.

A veces, leemos libros escritos por «gurús» financieros que viven en países cuyas economías no tienen nada que ver con la de nuestro país. No les hagas caso. Es una tontería tratar de pensar en la Bolsa de Valores de Nueva York cuando mi país ni siquiera tiene corredores de bolsa. A veces, en el tema de invertir para el futuro vivimos en la tierra, pero hablamos en marciano.

Mi recomendación al momento de pensar en prepararnos para la edad madura es pensar en lo que tenemos a nuestro alrededor e invertir a largo plazo dependiendo del lugar en el que vivimos. Si vivo en alguna ciudad europea, en Hong Kong, en Singapur o en Nueva York, probablemente pueda hacer uso de herramientas sofisticadas de inversión a largo plazo.

Si vivo en el norte de Argentina, como mis parientes, quizás puedo hacer cosas como lo que hizo un tío mío. Te cuento la historia.

Recuerdo que hace muchos años fui a visitar a un tío muy especial para mí en el noreste de mi país, en la Provincia de Misiones (cerca de la frontera con Brasil). Mientras le contaba el trabajo de educación financiera que estábamos haciendo con la ONG me miró y me dijo: «Andrés, vení que te voy a mostrar mi plan de retiro».

¿Un plan de retiro?, pensé. ¿Cómo es que mi tío campesino, en la frontera con la selva amazónica, puede tener un plan de retiro?

Nos subimos a un tractor y me llevó al fondo de su campo. Allí, me mostró cómo, a través de los años, poco a poco había ido sembrando plantas de pino. Varias líneas de pinos cada año dentro de una determinada cantidad de hectáreas. Las líneas de pinos se hacían más altas hacia atrás de la propiedad de acuerdo al año en el que, obviamente, habían sido plantados.

«¡Ahí está mi plan de jubilación!», me dijo. «Para cuando tenga sesenta y cinco años, los pinos de atrás estarán listos para cortarlos. Con el dinero de la venta de los pinos, voy a vivir por el resto de mi vida».

Y así fue. Veinte años después, el tío no solamente cortó los pinos, sino también construyó un aserradero, se compró un camión usado, y cuando se jubiló comenzó a llevar la madera que había plantado en su propio campo para venderla en la ciudad de Buenos Aires. Ahora controlaba todo el proceso de producción y distribución de la madera. ¡A mí me parece que el tío hizo más dinero después de retirarse que antes!

Mi tío era campesino. No sabía nada de criptomonedas, fondos mutuos e inversiones raras en la Bolsa de Nueva York. Pero tenía algo de terreno y podía plantar pinos. Tengo un primo que invierte en vacas. Tengo otro que invierte en oro. Tengo un amigo que invierte en pequeños espacios para negocios de emprendedores que recién comienzan.

Tengo una amiga que es maestra y, además, madre soltera. Es una de mis heroínas: ha estado ahorrando a través de los años con perseverancia parte de su pequeño salario de maestra para construir cuatro departamentos que pueda rentar a individuos y familias cuando se jubile de su tarea en la escuela.

¿Cuál es tu plan? ¿Estás viviendo «a la buena de Dios» y te estás gastando cada peso que tienes encima en darte gustos hoy? «Vive el hoy», dice el necio comercial de gaseosas. Si «vives el hoy», no tendrás nada mañana.

Si mis familiares del campo y mis amigos pueden prepararse para la edad madura en la República Argentina, yo estoy seguro de que tú también lo puedes hacer.

Comienza con lo que tienes en tus manos.

Para poner en práctica

Escribe el tipo de metas que tienes en la vida para cuando te jubiles o retires. No tienes que ser demasiado detallista. Simplemente, a grandes rasgos, explica qué te gustaría hacer cuando te retires y cuánto dinero necesitarás mensualmente para lograrlo.

7. Planea la distribución de tu herencia

«Cada vez que pienso en el concepto de la herencia me da un ataque de urticaria y me pica todo el cuerpo», me dijo una señora en uno de mis viajes por el sur de Europa. Tanto a nivel personal como profesional, las experiencias positivas que he escuchado con respecto al tema de la herencia las podría contar con los dedos de una mano.

Luego de toda una vida de trabajo, es triste notar la gran cantidad de familias que han perdido todo lo acumulado con gran sacrificio en el simple traspaso de los bienes de los padres a los hijos.

Así que, tengamos mucho o poco, deberíamos sentarnos a pensar tarde o temprano (y más vale «temprano» que «tarde») en cómo vamos a proveer para nuestra familia cuando nos vayamos de este mundo.

Los latinoamericanos le tenemos un miedo instintivo al tema de la muerte. Nuestros antepasados indígenas adoraban a los muertos y nuestros antepasados hispanos y musulmanes tenían también sus ideas extrañas sobre la vida antes y después de la muerte. Por cultura vivimos el «hoy» y dejamos que «mañana traiga su propio afán».

Sin embargo, la cultura y la tradición no son excusas lo suficientemente fuertes como para desligarnos de la responsabilidad de dejarle a nuestra familia bendiciones y no dolores de cabeza el día que pasemos a mejor vida.

¿Cuántas mujeres han perdido fortunas amasadas por sus esposos cuando ellos, repentinamente, fallecieron sin haberlas preparado apropiadamente para encargarse de los negocios de la familia?

Tú y yo no solo somos administradores de nuestras vidas, también lo somos de la vida y la relación que tenemos con nuestro cónyuge y nuestros hijos. No podemos ser irresponsables.

Aquí van algunos consejos útiles a fin de preparar a la familia para el día de tu partida:

Debes preparar a tu esposa

Este título es a propósito. Las estadísticas son diferentes de país en país, pero en general nos muestran que los hombres tenemos muchas más posibilidades de morir antes que nuestras esposas. Y no las estamos preparando para ese momento.

Por un lado, tenemos la mala costumbre de diseñar nuestras parejas con compartimientos en los que un miembro no sabe exactamente qué pasa con el 100 % de la vida económica del otro. Vivimos como dos individuos debajo de un mismo techo en vez de vivir como «una sola carne». Como no trabajamos en equipo, no tenemos información.

En la antigüedad, los varones no teníamos este problema. La mujer de uno muchas veces pasaba a su hermano o al familiar más cercano. Era tratada casi como un mueble de la casa. En nuestros días, la cosa es muy diferente y no resulta tan fácil.

Estoy escribiéndoles a los varones porque después de toda la experiencia que he acumulado viajando millones de kilómetros por el mundo me he dado cuenta de que somos los más irresponsables. Sin embargo, si en la pareja es la esposa la principal fuente de ingresos de la casa o si eres una mujer sin marido al frente de la familia, estas palabras de reflexión también son para ti.

Pregúntate: si yo paso a la eternidad hoy, ¿cómo sobrevivirá mi cónyuge?, ¿tiene una carrera, una profesión?, ¿tenemos un negocio juntos, algunas inversiones?, ¿tengo un seguro de vida que le pueda proveer de algún dinero?, ¿cuánto dinero necesitará cada mes para mantener nuestro nivel de vida? (Respuesta: probablemente, alrededor del 75 % de las entradas netas que la familia tiene hoy).

Luego, escríbele una carta y colócala en un sobre grande o portafolio junto con todos los papeles legales que ella necesitará cuando se halle sola. En la carta le puedes decir:

- Que no tome decisiones económicas serias al menos por un año.
- Que no tome decisiones basadas en su «instinto» o en sus emociones.
- Que busque el consejo de gente de confianza con los que tú ya hayas hablado.
- Anímala en su fe.

Luego, escríbele una lista de los papeles legales que has guardado en el sobre o portafolio y explícale, en detalle, qué es lo que tiene que hacer con cada uno de ellos.

Escribir todo eso te puede resultar tedioso en este momento, pero cuando una mujer pasa por la devastación emocional de haber perdido a su marido, necesita instrucciones claras y precisas, paso por paso. Más de una herencia se ha derrochado porque la esposa no sabe cómo manejar un negocio o cómo disolverlo para sacar las ganancias.

Por último, escribe una lista de todas las personas que ella debería contactar antes, durante y después del funeral. Coloca el nombre, la dirección, el teléfono de cada individuo u organización, y explica en qué se ha comprometido a ayudar a tu familia.

Asegúrate de hablar con un familiar o un excelente amigo y encargarle un aspecto específico del período de transición que la familia tendrá que pasar al perder a su padre (por ejemplo:

encargar a alguien los preparativos del funeral y el entierro, encargar a otra persona el proceso legal del seguro de vida, a otra el proceso del testamento, nombrar a un buen amigo comerciante como asesor financiero familiar, etc.).

Un hombre que ama a su esposa debe estar comprometido a cuidarla y protegerla antes y después de su muerte. Seamos responsables con el amor de nuestra vida.

Prepara a tus hijos

Si en tu país se permite hacer un testamento o algún tipo de papel legal para evitar los impuestos y el trámite legal de la sucesión, ¡hazlo! En Estados Unidos, el 80 % de las personas muere sin un testamento, embarcando a sus familias en un trámite legal interminable y costoso, el cual incluye el famoso «impuesto a la muerte» que se le debe pagar al gobierno federal. ¡Estos gastos te podrían robar hasta el 40 % de tus posesiones!

Cada año unos miles de millones de dólares van a parar a las arcas del gobierno norteamericano porque nadie sabe a quién les pertenecen determinadas posesiones o cuentas de bancos. Aunque parezca ridículo, sin embargo, ¡se dice que el 90 % de los abogados tampoco tiene un testamento al momento de su muerte!

De todas maneras, siempre conviene investigar en tu propia ciudad cómo establecer un fideicomiso (un «*trust fund*» en Estados Unidos), o algún tipo de entidad legal que te permita beneficiarte al máximo de la ley y reducir notablemente los gastos de transferir tus bienes primero a tu esposa y luego a tus herederos. Estos documentos muchas veces también te permiten tomar decisiones con respecto a desconectar o no las máquinas respiratorias y el cuidado que deben tener los médicos en caso de que quedes en estado vegetativo debido a problemas de salud.

Algunas personas creen que no tienen suficientes bienes como para preocuparse por crear un testamento o un fideicomiso. Pero si eres dueño de una casa, **ya** tienes suficiente como para preocuparte por hacer algún documento legal.

En muchos países latinoamericanos no se permite a los padres hacer un testamento ni decidir cuánto dinero o qué cosas les dejan a cada uno de sus hijos. La experiencia, en muchos casos, es que este sistema termina provocando riñas, luchas internas y tensiones familiares.

Si quieres, y a pesar de no ser un «documento legal», puedes escribir en un papel cómo te gustaría que se manejara el asunto de la herencia. Luego, pídeles a tus herederos que honren tu memoria concediéndote los deseos de tu última voluntad. Así te asegurarás de que el proceso del traspaso de bienes de padres a hijos en tu familia se haga de una manera ordenada y exitosa.

También recomendamos muchas veces pasar la herencia «en vida». De esa manera los padres pueden guiar a los hijos en el proceso de recibir los recursos económicos y manejarlos sabiamente. Muchas veces, lo que se recibe sin haber hecho el esfuerzo de ganarlo con el sudor de la frente, tampoco se valora. Ayuda a tus hijos e hijas a manejar bien la herencia pasándosela en un momento de la vida en el cual todavía puedes influenciar sabiamente en sus decisiones.

Si tus hijos son pequeños, recuerda hablar con algún familiar de confianza para que se haga cargo de ellos en caso de que mamá y papá fallezcan al mismo tiempo. De esa manera evitarás que los niños anden como pelotitas de tenis en la casa de los familiares hasta que se resuelva su tenencia y la patria potestad. Si dejas escritos tus deseos en tu testamento le ahorrarás dolores de cabeza a todo el mundo.

Además, tu herencia debe incluir a tu iglesia, parroquia o a las organizaciones de bien social con las que has estado involucrado, aquellas a las que les has estado dando con cierta regularidad o a alguna nueva que creas que vale la pena. Tus herederos recibirán la mayor parte de tu herencia. Tú puedes separar un 10 % de ella, por ejemplo, para no llegar a las puertas del cielo con las manos vacías.

Por último, mantén a tus hijos informados (dentro de lo posible) sobre tus asuntos económicos. Ellos deberían saber en qué colchón guardas tus ahorros (¡no vaya a ser que lo quemen cuando limpien la casa después del funeral!), a quiénes les debes dinero y quiénes te deben a ti. Tu seguro de vida debería tener lo suficiente como para pagar todas tus deudas y la educación de tus niños hasta los dieciocho años de edad.

El mismo sobre o portafolio que armaste para tu esposa, entonces, les podría servir también a ellos. Asegúrate de que sepan dónde está guardado. Sería bien simple decirles a los hijos: «¿Ven ese sobre grande que está parado detrás de los platos? Por ahora manténganlo cerrado. Pero si alguna vez nos pasa algo a mamá y a papá juntos, queremos que lo abran. Allí hay instrucciones sobre lo que deben hacer».

Ya sé que planear nuestra herencia y lo que pasará después de nuestra muerte no es un tema inspirador para la mayoría de nosotros, pero no todas las responsabilidades son «inspiradoras». Algunas, simplemente son cosas que debemos hacer para estar seguros de dejarles a nuestras familias el legado de una vida financieramente saludable.

Para poner en práctica

Aquí hay una serie de cosas que deberías estar seguro de haber hecho:

- Educar a la viuda
- Educar a los herederos
- Escribir una carta
- Hacer un testamento o un plan para traspasar los bienes
- Lista de consejeros
- Archivo económico
- Seguro de vida
- Incluir organizaciones de ayuda comunitaria

_____

_____

_____

_____

_____

_____

_____

_____

_____

_____

_____

_____

_____

_____

_____

_____

_____

_____

_____

 ¿Necesitas ayuda? Puedes buscarme en las redes sociales o disfrutar de videos, audios, pódcasts y artículos interesantes totalmente gratis si visitas mi página en internet: www.andrespanasiuk.com

Allí también encontrarás cursos que puedes tomar para continuar en el camino de la Prosperidad Integral.

Tercera Parte

Sabiduría popular

Consejos prácticos para estirar el salario

«Cuida los centavos, que los pesos se cuidan solos», escuché a mi madre decir desde que era niño. Creo que este refrán, justamente, es una de esas ideas provenientes del árbol de la sabiduría popular que, a pesar de no venir de grandes eruditos, tiene mucho de verdad.

Una de las grandes ventajas de haber viajado tanto por muchos países en cinco continentes es la posibilidad de acumular experiencia y sabiduría escuchando las vivencias de otros. La verdad es que no soy tan inteligente como parezco, pero escuchar a otros y ver la experiencia de otra gente me ha enriquecido a lo largo del tiempo.

Cuando hablamos de gente que tiene mucho —pero mucho— dinero, nos percatamos de que no se comportan como las películas nos dicen que se conducen ni piensan de la manera en la que creemos que lo hacen. Los supermillonarios (y supermillonarias) que hacen ostentación de su fortuna son la excepción y no la regla.

Aquí hay algunas características que he notado luego de haber conocido a muchas personas supermillonarias alrededor del mundo:

- Siempre viven en el marco de sus posibilidades económicas. Son frugales.
- Hacen un excelente uso del tiempo.
- Emplean su esfuerzo y su dinero para su beneficio económico.
- Aman la libertad. La aprecian más que su estatus social.
- Son humildes y viven con moderación.
- Valoran la palabra empeñada. Cumplen sus promesas.
- Reconocen la responsabilidad social que traen sus riquezas.
- No proveen subsidio económico a sus hijos o hijas.
- Educan y animan a sus herederos a ser económicamente independientes.
- Aprovechan inteligentemente las crisis.
- Han elegido trabajar en lo que los apasiona.

Aunque tú y yo no seamos millonarios, creo que —de todas maneras— podríamos beneficiarnos de algunos secretitos que nos ayuden a ahorrar unos pesitos en el presupuesto familiar. Muchos de esos consejos son el fruto de mi experiencia personal, algunos los he aprendido a lo largo del tiempo y de los viajes, y otros los he encontrado en lugares interesantes de internet.

He organizado estos consejos útiles de acuerdo al orden de categorías que usamos para armar nuestro presupuesto. Ojalá puedas emplear algunos de estos secretitos (los que se apliquen a tu país y situación económica) y puedas poner un par de pesitos «extras» en tu cuenta de ahorros.

Índice de temas:

 ¿Te gustaría ver videos con consejos prácticos para ahorrar? Escanea este código QR con tu teléfono y podrás ir al sitio diseñado especialmente para los lectores de este libro. Allí encontrarás videos cortos que te darán ideas sobre cómo ahorrar y ganar en el juego del dinero.

1. Transporte

Antes de comprar un auto o una moto...

El transporte será una de las compras más grandes que harás en tu vida (junto con tu casa). Piensa bien antes de comprar. Tómate tu tiempo. Haz tus cálculos y no te arrepentirás.

Libro de consulta...

Consíguete el libro *¿Cómo compro inteligentemente?*, publicado por Grupo Nelson. Lo escribí **específicamente** para ayudarte a comprar un auto y una casa con el mayor beneficio económico.

Evita los autos nuevos

Aunque tengas el dinero para comprarte un auto totalmente nuevo, no lo hagas. El automóvil es un bien que pierde valor con el tiempo. Especialmente, durante los primeros dos o tres años de uso. No es una buena inversión. Un automóvil de dos o tres años con bajo kilometraje es casi tan bueno como uno completamente nuevo. La diferencia de precio, sin embargo, es realmente impresionante.

Cuánto pagar...

Antes de visitar un concesionario para comprar un auto usado:

1. Averigua, primero, cuánto dinero realmente tienes y con cuánto puedes endeudarte (NO el pago mensual, sino la deuda total).
2. Luego, decide qué tipo de transportación necesitas. Decide la marca, el modelo y el año.
3. Averigua el precio «base» que el **concesionario** tendría que haber pagado por el auto (usa la información que hay en internet. Pregúntale a un amigo que venda autos).

4. Súmale la cantidad indicada por los accesorios.

5. Suma o resta la cantidad correspondiente al kilometraje.

6. Súmale un 5 % a ese precio como comisión para el concesionario.

7. Anota el precio en un pedazo de papel y llévalo contigo cuando salgas a comprar el auto.

8. Enfócate específicamente en el auto que estás buscando. No dejes que te muestren «alternativas».

9. Negocia, primero, el precio que pagarán por tu transporte usado si lo vas a dejar como parte de pago.

10. Luego, negocia el precio de compra y comprométete a abandonar el concesionario si no se acercan lo suficiente a tu precio. Simplemente, levántate y con cortesía despídete del vendedor.

11. No bajes la guardia: el negocio no está terminado hasta que gestiones el interés que pagarás por el préstamo.

Cómo negociar...

Si vas a comprar un auto y vas a entregar el tuyo como parte del pago:

1. Mantén la cabeza fría. No te entusiasmes con el nuevo auto hasta que no lo hayas comprado.

2. Primero, negocia el precio de venta de tu auto usado. Dile al vendedor que el precio de tu vehículo es muy importante.

3. Negocia el precio del auto nuevo.

4. Negocia fuertemente por el interés y los accesorios.

Llévatelo a casa I

En muchos países ahora se estila pedirle al vendedor de un auto usado que te lo deje llevar a casa por veinticuatro horas. Dejas copia de tu seguro y licencia de conductor y… ¡listo! Si acepta, podrás evaluar el auto por todo un día sin sentir la respiración del vendedor «en la yugular».

Llévatelo a casa II

Cuando lleves el vehículo a casa, no lo uses solo para pasear y ver cómo funciona en diferentes condiciones de tránsito. También llévalo a un mecánico y paga para que le hagan diversos tipos de estudios con el software que tienen en su taller. La idea es saber la condición real del vehículo. No hay nada peor que comprarse un «limón».

¿Tiempo de comprar?

¿Qué es mejor? ¿Continuar arreglando el auto viejo completamente pagado o comprar uno nuevo? Todo depende… Por eso es importantísimo llevar la cuenta de cuánto te cuesta arreglar el auto o moto anualmente. Nosotros tenemos un autito viejo que nos

cuesta unos $1.300 al año arreglarlo. Mucho menos que los $600 mensuales que nos costará comprar uno más nuevo.

Limpiaparabrisas I

Antes de tirar a la basura los limpiaparabrisas, trata de limpiarlos con un trapo limpio (tipo toalla) y el desgrasante WD40 o alcohol. Quizás, en vez de estar demasiado viejos, simplemente están cubiertos por una fina capa de goma y asfalto que se acumula normalmente con el tiempo.

Limpiaparabrisas II

Para extender la vida de esos limpiaparabrisas tan usados, trata de lijar su filo suavemente con papel de lija muy fina. Luego límpialos bien con un pedazo de tela limpia y alcohol. ¡Quedarán como nuevos!

Setecientos (700) kilómetros

Llegas a tu casa y estacionas el auto en

la puerta. Más tarde, al anochecer, enciendes el auto y lo estacionas en el garaje. Como serios estudios de laboratorio indican que el mayor desgaste del motor (hasta un 40 %) ocurre al encenderlo en frío, tú has logrado en unos pocos minutos el mismo tipo de desgaste mecánico que te hubiera causado manejar por 700 kilómetros (400 millas) de ruta bajo condiciones normales. Evita los encendidos en frío innecesarios.

Ochenta (80) km por hora y sin aire acondicionado

Para ahorrar en combustible, acostúmbrate a no viajar a más de 88 km por hora (55 millas). Los expertos recomiendan no pasar de 100 (65 mph). La diferencia entre 110 y 135 km por hora representará un 40 % de incremento en el consumo de gasolina[1] (sin olvidarnos de que, incluso, ¡hasta puede ser ilegal!).

Una más: la calefacción no afecta la cantidad de gasolina que consume el auto, pero el aire acondicionado sí. Si quieres ahorrar gasolina, usa menos el aire.[2]

Limpia tu auto

Trata de mantener el asiento de atrás y el baúl (o cajuela) del auto lo más vacío posible. El exceso de peso en el auto incrementa el gasto de combustible.[3]

2. Vivienda

Cómo limpiar los vidrios

Para limpiar eficazmente tus ventanas y espejos, luego de lavarlos, sécalos con un papel de diario en vez de usar toallas de papel o de tela. Es una alternativa mucho más barata y tus vidrios lucirán mucho mejor.

Cómo pulir cobre

Para pulir cobre no compres químicos. Haz una mezcla en partes iguales de harina y sal, y luego agrega suficiente vinagre como para hacer una pasta. Pule el cobre de tu casa con ella. ¿Tienes kétchup? ¡Úsalo como limpiador![4] Disfrutarás de cobre resplandeciente y de un par de pesos más en tu bolsillo.

Olores indeseados

Si quieres eliminar olores en una habitación, mezcla una cucharada de bicarbonato de sodio con agua dentro de una botellita con rociador. Cuando rocíes, el bicarbonato no proveerá ningún aroma al cuarto, pero absorberá olores indeseados. Lo mismo hará un tazón lleno de vinagre.[5]

Limpiador multiuso

Si quieres un limpiador multipropósito, mezcla un cuarto de taza de amoníaco y media taza de bicarbonato de sodio en una botella de dos litros. Agrega una taza de agua tibia, tapa la botella y agítala. Finalmente, agrega seis tazas más de agua. Usa media taza de este limpiador por cada balde de agua o úsalo sin diluir para rociar sobre los muebles de la cocina o limpiar la cerámica.

Manchas de humedad

Para remover las manchas de humedad, usa una

mezcla de una cucharada sopera de agua oxigenada en una botella de dos litros de agua. Las manchas desaparecerán como «por arte de magia». Nota importante: nunca mezcles agua oxigenada con vinagre, eso crea un ácido que te quemará la piel.[6]

Platos brillantes

Cuando, luego de enjabonar los platos, uses una tina o pileta llena de agua para enjuagarlos, agrega una taza de vinagre al agua para cortar cualquier residuo de grasa o jabón. Tus platos lucirán brillantes y se verán totalmente limpios.

Remueve el sarro

Si vives en una zona donde se acumula calcio en el fondo de las teteras, pavas o contenedores de agua, mantén una o dos bolitas de mármol o vidrio (como las que usan tus niños para jugar en la escuela) en el fondo de ellos. Con el uso, al moverse de un lugar a

otro, no permitirán que los sedimentos tengan la posibilidad de aferrarse a las superficies.

Cuidado de la plata

La plata se oscurece por la presencia de sulfatos en el aire. Si tienes cubiertos de plata y no quieres que se te oscurezcan, coloca la caja donde los guardas en una bolsa de plástico con cierre hermético junto a un pedazo de tiza como la que se usa para escribir en las pizarras de las escuelas. La tiza absorberá el exceso de humedad en la bolsa y tus cubiertos se mantendrán brillantes a través del tiempo.[7]

Ahorra agua

Si tienes detrás del inodoro un tanque externo (no construido dentro de la pared), llena una botella plástica de un litro con agua hasta el tope y colócala dentro del tanque de agua. La botella ocupará espacio en el tanque y te permitirá utilizar menos agua para el inodoro.

Ahorra agua II

Si puedes, cambia la cabeza de la «lluvia» o «regadera» del baño por una que controle mejor el flujo del agua cuando te das una ducha. Esos nuevos diseños proveen la misma experiencia con menor cantidad de agua.

Refri limpio

Limpia las bobinas y los espirales de tu refrigerador (o «heladera») por lo menos una vez al año. Esos sistemas no se ven, pero cuando están limpios producen un más alto nivel de eficiencia.

Fertilizante alternativo

En vez de comprar fertilizantes costosos en los negocios, puedes hacer tu propio fertilizante a muy bajo costo. Simplemente diluye dos cucharaditas de amoníaco en cuatro litros de agua. Deja que se estabilice la mezcla por 24 horas. Luego, antes de fertilizar las plantas diluye nuevamente una taza de esta mezcla que acabas de hacer en otros cuatro litros de agua. Cuidado: más no es mejor. No coloques más de una taza de fertilizante por cuatro litros de agua, porque quemarás tus plantas.

Insecticida

Mezcla dos gotitas de jabón de lavar platos en un litro de agua. Coloca la mezcla en una botella rociadora y espárcela sobre las plantas de tu jardín con regularidad. Es un insecticida barato y efectivo, especialmente contra algunos insectos que atacan a los rosales.

¡No tires esa agua!

Cuando hiervas huevos o pastas, no deseches el agua. Déjala enfriar y úsala para alimentar las plantas de tu casa. El calcio y los almidones acumulados en el agua son excelentes nutrientes y las plantas lo necesitan.

Cambia los focos

A pesar de que los focos fluorescentes o LED son más costosos, trata, poco a poco, de ir cambiándolos en toda tu casa. Estos focos no producen tanto calor cuando están encendidos y, además, lo que sí producen es un alto nivel de ahorros.

Sella la casa

Las pequeñas grietas en las puertas y ventanas son el lugar por donde el fresco y el calor se escapan más comúnmente en las casas, tanto las de ladrillos como las de madera. Si tu casa tiene calefacción o aire acondicionado, ahorrarás importantes cantidades de dinero si le prestas atención al sellado de la misma. Aunque tengas aire acondicionado y calefacción central, enfría o calienta solamente las habitaciones que necesites, tanto en el verano como en el invierno.

3. Alimentos

Filtros de café

Los filtros de café de color marrón que no han sido procesados con cloro («lavandina», en algunos países) son más fuertes que los blancos. No los tires a la basura después de usarlos por primera vez. Lávalos, déjalos secar y vuelve a usarlos por lo menos dos veces más.

Bananas

Las bananas te durarán más tiempo si las cuelgas. Así que te podrías comprar un pequeño gancho como los que se usan para colgar las tazas de colección y atornillarlo en algún lugar conveniente de la cocina. El asunto es que no deben tocar la mesa ni la pared para no «marcarse» y comenzar a echarse a perder.

Bananas y manzanas

Las bananas y las manzanas (igual que los duraznos) son frutas que liberan un gas llamado «etileno», el cual hace que las frutas a su alrededor maduren más rápido. Mantén las bananas y las manzanas separadas entre sí y de otras frutas para que te duren más y no se te echen a perder tan rápido.[8]

Pan «casi» fresco

Para refrescar pan que se ha endurecido un tanto, rocía el interior de una bolsa de papel con un poco de agua, coloca el pan adentro, cierra la abertura de la bolsa y colócalo por unos minutos en el horno a que se caliente. ¡No dejes la bolsa allí por mucho tiempo o te vendrán a visitar los bomberos!

Planta una huerta

Para reducir los costos de la comida, planta una huerta en el fondo de tu casa o, incluso, en macetas. Mira en internet algunos videos sobre cómo plantar una pequeña huerta en tu casa. Hay algunos realmente excelentes.

Dinero en efectivo

En países como Estados Unidos, Canadá y Puerto Rico los consumidores tienen la tendencia de pagar sus compras con su tarjeta de crédito o débito. No lo hagas. Ahorrarás, por lo menos, un 15 % en tus compras si llevas solamente dinero en efectivo. El dinero en efectivo es un factor «limitante» y evitará que gastes más de la cuenta en cosas que no necesitas. Usa tu sistema de sobres para comprar comida.

Lista escrita

Confecciona siempre una lista escrita antes de ir de compras. Luego, comprométete a obedecerla al pie de la letra y a salir del mercado lo antes posible. Cuando reduces el tiempo que pasas caminando por las líneas del supermercado (según importantes estudios científicos),[9] eso reducirá tus gastos y te enfocará en las compras de comida y productos que la familia realmente necesita.

Una compra impulsiva, dice un artículo escrito por un profesor de la Universidad de Notre Dame, lleva naturalmente a otra compra impulsiva. Usa una lista.

Hambre y compras

No salgas de compras cuando tengas hambre (especialmente si te gustan las cosas dulces). El hambre te llevará a sobre-calcular tus necesidades reales de comida.

Calculadora

Si es posible, utiliza una calculadora para ir controlando el total de gastos a medida que realizas las compras en el mercado y así no sobrepasarte del dinero que tienes en tu sobre para gastar ese día. Cuando llegaste al límite de tu presupuesto de compras para esta semana, comprométete seriamente a detener tus compras.

Productos desechables

Reduce o elimina el uso de productos desechables: platos, vasos, servilletas de papel, etc. (Usa platos de loza o plástico, servilletas de tela, vasos de vidrio, etc.). Los productos desechables, aunque muy convenientes, también resultan caros a largo plazo.

Productos de higiene

Evalúa dónde conviene comprar los productos de higiene personal como el champú, el enjuague bucal, etc. Quizás no te convenga comprarlos juntos con la comida.

Generalmente, este tipo de productos se pueden conseguir a mejor precio en las ofertas especiales que tienen las cadenas de grandes supermercados y farmacias.

Ahorra gasolina

Si tienes el dinero, trata de ahorrar combustible comprando comida para un período más largo y en mayores cantidades. También te puedes turnar con alguien del barrio para ayudarse a ir de compras a lugares más baratos, pero alejados, usando una vez tu transporte y la siguiente el transporte de tu amigo o amiga.

Cereales endulzados

Evita los cereales procesados y endulzados. Son costosos y poco nutritivos.

Prepara desayunos alternos con, por ejemplo, avena, huevos, yogur y frutas o un batido (o licuado).

Comidas convenientes

Evita los alimentos precocidos y procesados, como comidas para el horno de microondas, alimentos congelados, pasteles, etc. Estás pagando demasiado por mano de obra que puedes proveer tú mismo.

Carne

Fíjate en cuáles son los cortes más económicos de carne que puedes encontrar, y pídele al carnicero que te los ofrezca. A veces, el secreto de una buena carne no está en lo caro del corte, sino en la forma en la que se prepara.

Toma en cuenta, sin embargo, que a veces resulta más económico comprar bistec empaquetado que esté en oferta en los supermercados.

«Hombre prevenido…»

Si vives en una zona residencial donde no hay mercados, ten siempre a mano un paquete de leche en polvo para el café con leche y de esa manera evitar los viajes de emergencia al supermercado. Cada vez que haces un viaje que no necesitas, derrochas combustible (y dinero).

Fondo mutuo de comida

Trata de comprar alimentos al «por mayor». Pueden hacer un fondo común entre tres o cuatro familias, y luego comprar cantidades más grandes de alimentos a los precios que pagan los vendedores de las calles o los mercados minoristas.

Ferias

Si las hay en tu ciudad o pueblo, aprovecha las «ferias» en las que los productores venden directamente a los consumidores. Te ahorrarás los costos que suman a los alimentos los intermediarios.

Alimento de bebé

Prepara en casa las papillas para tu bebé en vez de comprar los alimentos precocidos y envasados. Simplemente pasa los alimentos normales por la licuadora. Todos hemos crecido con este tipo de alimentos y parece que estuvimos bien

alimentados, ¿no? La conveniencia es costosa.

Frutas

No compres frutas y verduras que están fuera de temporada. Si están en el supermercado es porque han tenido que pagar costos de refrigeración o de importación de algún otro país. Probablemente estén más caras que en temporada.

Los «angelitos» en casa

Deja a tus hijos en casa al cuidado de tu cónyuge a fin de evitar presiones innecesarias cuando sales de compras. Lo más inteligente que un padre puede hacer es proponerse como voluntario para cuidar a los niños mientras su esposa va de compras a solas. No hay cosa más peligrosa para el presupuesto familiar que una mujer gastando dinero mientras sus «angelitos» atacan la sección de juguetes de un negocio o con sus agudas vocecitas le insisten en que gaste dinero que no tiene. Lo mismo es válido si es el esposo el que sale a hacer las compras.

Para solteros

Consíguete un «compañero o compañera de compras». A veces comprando junto con otras personas puedes aprovechar mejor los alimentos. Por ejemplo, los huevos son más baratos si los compramos por docena. Lo mismo ocurre cuando hay ventas especiales de «dos por el precio de uno». El descuento del 50 % se aplica solamente si nos podemos comer o podemos usar los «dos». Comprando en cantidad y dividiendo los costos y los alimentos, puedes adquirir solo lo necesario para ti y, al mismo tiempo, ahorrar la misma cantidad de dinero que las parejas y familias que compran en mayor cantidad.

Conservas

Considera la posibilidad de preparar conservas con tus propias verduras frescas cuando sea posible. Busca videos en internet que te enseñen cómo hacerlo. Desarrollar una huerta en el fondo de la casa puede ser un pasatiempo que te deje extraordinarios beneficios.

Revisa las cuentas

Presta atención a cada artículo mientras te lo cobran en la caja registradora y verifica los precios de nuevo al llegar a casa. «De carne somos», dice un refrán… ¡y hasta las computadoras se equivocan de vez en cuando!

Genéricos

Por lo menos en Estados Unidos, algunos productos «genéricos» (aquellos de color blanco y negro que no tienen marca) deben, por ley, ser de la misma calidad que los productos de marca que generalmente se venden bastante más caros. No pagues por las campañas publicitarias de las compañías que venden alimentos. Cuando tengas que comprar aspirinas, bicarbonato de sodio, miel, melazas, maní, nueces, sal, azúcar, harina o almidón de maíz, compra los productos genéricos y ahórrate la diferencia. La calidad es la misma.

Sopa y pan

Elige una de las noches de la semana y llámala «la noche de la sopa». Si cocinas una nutritiva sopa con ingredientes frescos que ya tienes en tu casa (no los enlatados ni precocidos), puedes alimentar a cuatro personas por el equivalente a un par de dólares.[10]

La carne es cara

Si la carne está cara en tu país, en muchos casos, puedes sustituirla perfectamente por frijoles. Un kilo de carne puede costar entre 7 y 14 dólares, mientras que los frijoles secos cuestan entre cincuenta centavos y $1 el kilo y son una excelente fuente de proteínas, hierro,

hidratos de carbono, tiamina y fibras.[11]

Si no tienes...

Almidón: usa dos cucharadas de harina para reemplazar en la receta cada cucharada de almidón.

Huevos: usa dos cucharadas de mayonesa por cada huevo requerido.

Miel: una taza de miel puede ser reemplazada por 1 ¼ taza de azúcar y ¼ taza de cualquier líquido que use la receta.

Vinagre: 2 cucharaditas de limón pueden reemplazar una cucharadita de vinagre.[12]

Posicionamiento

Los productos más caros están posicionados a la altura de la vista en los supermercados. Cuando vayas de compras, adopta la costumbre de mirar hacia abajo y encontrar los mejores precios por productos similares.

4. Ahorros e inversiones

Cuánto ahorrar

Debes ahorrar, regularmente, por lo menos el 5 % de tu ingreso neto disponible cada mes. Cuanto más, mejor. Tu meta es tener en dinero en efectivo (ya sea en el banco o debajo del colchón) el equivalente de dos a tres meses de gastos familiares como un fondo para emergencias.

Cuenta especial

Si puedes hacerlo en tu ciudad, abre una cuenta de ahorros en un banco o cooperativa. Calcula el 5 % de tu IND y transfiere ese dinero a tu nombre, pagándote tus ahorros como si estuvieras pagando la luz, el gas o el teléfono. De esa manera no «sufrirás» la ausencia de tus ahorros.

Inversores principiantes

Para aquellos que quieren comenzar a invertir, aquí hay algunos consejos prácticos:

1. La inversión debe ser simple y fácil de entender.
2. Debe requerir poco tiempo administrarla.
3. No debe causarte tensión emocional.
4. No debe cambiar tu estilo de vida ni hacer perder la paz en el hogar.
5. Debes poder controlar tu inversión por ti mismo (por ti misma).
6. Tiene que ser una inversión que puedas transformar en dinero en efectivo con facilidad y rapidez.
7. Debe ser tan buena para aquellos que tienen poco que invertir como para los que tienen grandes cantidades de dinero.[13]

Lotería

Todavía me sorprende la ingenuidad que

demostramos cuando se trata de jugar a la lotería. Sabemos que las estadísticas dicen que las posibilidades de ganar son ínfimas, y sin embargo quemamos dinero todas las semanas tratando de salir de la pobreza de una forma mágica (parece ser que para el pobre «la esperanza es lo último que se pierde», ¿no?).

¿Por qué en vez de derrochar esos quince dólares semanales en el juego no haces algo más inteligente? Mira tu vida como una carrera a largo plazo.

Si en vez de invertir en la lotería $15 por semana ($60 por mes), invirtieras ese dinero en un negocio o en la bolsa de valores (a un 10 % de interés promedio anual), al cabo de veinte años tus herederos y tú tendrían una cuenta de ahorro con ¡casi cuarenta y seis mil dólares! ($45.941,81 para ser exactos).

Aquí están los datos:

- Comenzando con una inversión de $0
- Aporte: $60 mensuales.
- Tiempo: 240 meses (20 años).
- Interés: 10 % anual de promedio.
- Capital invertido: $14.400
- Intereses recibidos: $31.541,81

El problema no es solamente un asunto de «ahorro», sino de *pérdida de oportunidad*. ¡Así es como nos hacemos pobres!

Año fiscal familiar

Comienza a manejar tu dinero y el de tu familia como si fuera el de una empresa. Planea tu presupuesto en forma mensual, pero mira el balance económico en forma anual, de la misma manera en la que lo hacen las empresas: anualmente.

Préstamos al gobierno

Alguna gente se pone muy contenta en Estados

Unidos cuando recibe una «devolución» de sus impuestos a fin de año. ¡Gran error! La razón de la devolución es que el gobierno les ha estado cobrando de más en impuestos con cada salario. ¿Por qué permitir que el gobierno trabaje todo el año con tu dinero y te lo devuelva sin intereses el año que viene? Pídele al departamento de contaduría de tu trabajo que te retenga menos dinero cada día de pago para el impuesto a las ganancias y, luego, deposita la diferencia en una cuenta de ahorros, en tu plan de retiro o en la bolsa de valores. A fin de año, escríbete a ti mismo un cheque de «devolución» de impuestos… ¡y disfrútalo con intereses!

¿Ahorrar gastando?

La gente dice que comprar cosas que están en oferta es una gran manera de ahorrar dinero. No siempre. Hay que tener en cuenta que uno no puede ahorrar gastando. Cuando compramos, no ahorramos, *gastamos*. Solo ahorramos cuando guardamos. Entonces, a menos que las cosas que compramos en oferta sean las que realmente necesitamos, cuando compramos algo porque «era una oferta increíble» en realidad no hemos ahorrado, sino que hemos *estancado* dinero que de pronto necesitabas para otra cosa tanto o más importante.

Secreto para ahorrar

Para ahorrar como un estilo de vida debes dejar de gastar el dinero que no tienes, en cosas que no necesitas, para impresionar a gente que ni siquiera conoces.

$1.200 al año

Si acostumbras comer afuera todos los días durante la semana de trabajo, tienes en tus manos una mina de oro. Cada lunes, coloca en un sobre 25 dólares ($5 por cada día de trabajo), que es el dinero que gastarías en comidas durante toda la semana. Llévate una fruta y un emparedado de tu casa para comer al mediodía en vez de salir afuera. Al final del mes, tendrás $100. Deposítalos en una cuenta especial de un banco o en una jarra marcada «Un sacrificio de amor por mi familia». Al final del año, cuando llega Navidad y la época de vacaciones, descubrirás que tu sacrificio traerá alegría y sonrisas a todos los que amas… ¡mil doscientas sonrisas, para ser exactos!

Ahorra las monedas

Esta idea puede que no funcione en varios países del continente. Pero es realmente efectiva en otros. Comprométete a no gastar las monedas que te van quedando en el bolsillo cada día. Provee a tu familia de una jarra en la cual dejar caer las monedas cuando llegan a casa. Colócala en la cocina. A fin de mes, sin haber sentido siquiera el «dolor» del dinero no gastado, cambia las monedas y deposita esa cantidad en tu cuenta de ahorros.

Ahorra para tus hijos

Invierte en la bolsa $50 por mes en tu hijo o hija desde sus ocho a los dieciocho años.

Entrégale los $10.849,91 con la condición de que no puede tocar la inversión hasta los sesenta años (este es su plan de retiro).

Si el interés promedio es del 10 % anual y él no pone un centavo más en el banco, a los sesenta tendrá en su cuenta un poco más de ¡UN MILLÓN DE DÓLARES!

5. Pago de deudas

Regla # 1

La primera regla en cuanto a las deudas tiene dos mil años de antigüedad: «No tengan deudas con nadie», decía el sabio San Pablo a sus discípulos en Roma. Es un excelente consejo. El millonario Salomón decía que «el deudor es esclavo del acreedor».

¿Bueno o malo?

No es malo pedir prestado. Lo que es malo es pedir prestado sabiendo que no tenemos una forma segura de pagar el préstamo. Esa situación, cuando el pasivo es más grande que el activo, es lo que lleva muchas veces a las situaciones de crisis que vemos en Latinoamérica.

¿Prestar o no…? I

Antes de acceder a prestar dinero debes estar de acuerdo con tu cónyuge. Muchos matrimonios sufren profundamente cuando uno de los miembros de la pareja le presta dinero a un amigo o familiar sin el consentimiento del otro. La relación de pareja realmente se deteriora cuando ese amigo o familiar no puede pagar.

¿Prestar o no…? II

Presta dinero solamente si sabes que lo podrías regalar. Si tu amigo o familiar no te puede pagar, siempre puedes decirle que tome esa cantidad como un regalo de tu familia. Habrás perdido dinero, pero habrás salvado la relación. La gente es mucho más importante que las cosas materiales. El problema viene cuando prestamos lo que no tenemos y luego debemos sufrir porque no nos lo devuelven.

Antídoto

La mejor forma de estar absolutamente seguros de que nunca tendremos que pedir prestado es: (1) ahorrar con regularidad y (2) gastar siempre menos de lo que ganamos.

Honestidad

Siempre sé honesto con la gente a la que le debes dinero. Recuerda la regla de oro: *trata a los demás como te gustaría que te traten a ti.* Tu acreedor se arriesgó por ti y tiene derecho a esperar tu honestidad. Él quiere, sobre todo, que le pagues tu deuda, así que estará dispuesto a sentarse contigo y acordar un nuevo plan de pagos.

Tarjetas de crédito

No es malo tener tarjetas de crédito, simplemente tienes que comprometerte a cumplir con ciertas normas:

1. No tengas muchas tarjetas de crédito. Recuerda que, como en el amor, «dos son compañía, tres son multitud».
2. Nunca compres algo que no está en tu nuevo plan.
3. Como has comprado dentro de tu plan, entonces siempre tendrás dinero disponible para pagar a fin de mes el 100 % de lo que cargaste a la tarjeta.
4. El primer mes que no puedas pagar el balance de tu tarjeta, rómpela y comienza a manejar dinero en efectivo.

Automóvil

Acostúmbrate a ahorrar el dinero del automóvil antes de comprarlo. Cómpralo con dinero en efectivo... ¡y hasta podrás pedir un descuento! La compra del automóvil al contado es solo una cuestión de costumbre. El auto lo debes pagar de todas maneras (al contado o a crédito). La diferencia es que si lo compras al contado, tú te quedas con los intereses.

Mala inversión

Considera al automóvil como una mala inversión, una mala deuda. No es lo mismo comprarse un terreno, una casa o un departamento que un vehículo. Tanto el auto, como la casa rodante o la casa-tráiler, pierden su valor a través del tiempo. Entonces considera la compra del auto desde el punto de vista de un inversor: no hay peor inversión que aquella en la que pierdes plata a través de los años. Hoy no es extraño encontrarse con parejas que han gastado 40 o 60 mil dólares a través de los años en transportación y ahora manejan vehículos que literalmente se caen a pedazos.

Aval

De acuerdo a un estudio realizado por la Comisión Federal de Comercio de Estados Unidos el 50 % de los que avalan un préstamo terminan pagándolo.[14] Ese es un riesgo muy alto para cualquier tipo de inversión económica. Si puedes, adopta como un principio en tu vida no salir de garante de otras personas.

Salir de garante

Si vas a salir de garante de otras personas, debes considerar lo siguiente:

1. Tienes que asegurarte de que podrás cubrir todo el monto de la deuda y no te causará problemas en tu estilo de vida ni en la paz familiar.

2. Debes estar en condición de regalar el dinero por el cual saldrás de garante.

3. Debes asegurarte de que la persona avalada tiene todas las intenciones de pagar.

4. Retírate de la situación lo antes posible.

Negocios I

Cuando contraigas una deuda para comenzar un negocio, haz lo que hacen los negociantes más exitosos: pon en riesgo solamente el 50 % de tu activo. Si te va mal en el negocio, no solamente no tendrás deudas sobre tu espalda, sino que tendrás el otro 50 % para comenzar un nuevo negocio.

Negocios II

Aprende a comenzar «de abajo» en tus negocios y a construirlos solamente con dinero en efectivo. Tomará mucho más tiempo, pero será mucho más sólido. Hay un gran número de meganegocios tanto en

Estados Unidos como alrededor del mundo que, a pesar de manejar cifras multimillonarias, no tienen deudas. Son esos los negocios que por lo general sobreviven los tiempos de economía tumultuosa y los que compran por «baratija» a aquellos negocios que confiaron fuertemente en su capacidad para pedir crédito.

6. Entretenimiento

Temporada

Dentro de lo posible, planea tus vacaciones fuera de temporada. Todo te saldrá mucho más barato. Averigua en internet cuándo comienzan y cuándo terminan las fechas «pico» o «altas» en el área que tu familia o tú quieren visitar y planea tu viaje para evitarlas.

Acampar

Considera la posibilidad de acampar durante las vacaciones para evitar gastos de hotel y restaurantes. Los lugares de campamento están mejorando marcadamente en estos últimos años y uno puede encontrar algunos en los que la familia se sienta cómoda.

Pregunta a tus amigos por lugares recomendables.

Ahorrar en equipo

A fin de ahorrar en el equipo para acampar, varias familias amigas podrían comprar juntas el equipo, distribuir entre ellas los costos y luego turnarse en el uso del mismo.

El lugar

Elige lugares de vacaciones en sitios cercanos a donde vives. Te sorprenderá saber que hay mucha gente que viaja cientos de kilómetros para ir de vacaciones cerca de tu hogar. ¿Por qué has de viajar tú cientos de kilómetros para ir de vacaciones cerca de la casa de otra gente? Los ahorros pueden ser bastante grandes. Lo importante es ser creativos.

Intercambio de casas

Trata de intercambiar casas con una familia amiga y de confianza que viva en otra área a fin de poder disfrutar de vacaciones económicas. Los costos de hotel y restaurantes (especialmente si la familia es grande) pueden consumir la mayor parte del presupuesto de las vacaciones.

Entretenimiento

Usa juegos de mesa en vez de salir a restaurantes y centros de entretenimiento en el lugar donde estás pasando tus vacaciones. Usa, por ejemplo, algunos de los juegos que se recibieron en Navidad y en Reyes, pero que no se utilizaron todavía.

50-50

Considera la opción de ir de vacaciones con otras familias para compartir los gastos y aumentar el compañerismo. Muchos niños prefieren esta opción porque les da la oportunidad de divertirse con jovencitos de su propia edad.

Avión

Si viajas por avión, trata de comprar asientos en los vuelos más económicos. Si eres paciente, puedes conseguir diferencias de un 40 % o más. Por ejemplo, a veces los viajes de noche o en la madrugada pueden ahorrarte del 10 al 20 % del costo del viaje. Pregunta por otras restricciones que te permitan disminuir los gastos del boleto, especialmente si tienes flexibilidad en el horario y las fechas de llegada y de salida.

Club de turismo

Si a tu familia o a ti les gusta salir de paseo, hazte socio de algún club de «viajero frecuente» que tenga una compañía de turismo o empresa de aviación. También disfruta con frecuencia de los lugares turísticos que pertenezcan a la obra social o sindicato que agrupa a los trabajadores de tu ramo.

Prevenir y no curar

Empieza a ahorrar para tus vacaciones por lo menos con diez meses de anticipación. Separa un poquito de dinero cada semana y guárdalo en algún jarro oscuro en la alacena. Si tienes adolescentes, ¡asegúrate de que no lo encuentren!

Presupuesto

Cuando llegue el momento de salir de vacaciones, dale un sobre a cada miembro de la familia y reparte entre ellos el «dinero para divertirse». Ese dinero es la cantidad que tiene cada miembro de la familia para su diversión personal y para comprar regalos, juguetes y recuerdos. Entre todos deben hacer un serio compromiso de que una vez que se les acabe ese «fondo de diversión» no habrá más dinero para gastar. Esta costumbre les enseñará importantes lecciones a los más jovencitos, evitará riñas y discusiones innecesarias, eliminará el descontrol personal y, sobre todo, evitará excederse en el área de los «gastos varios» que siempre parecen un «barril sin fondo» cada vez que nos vamos de vacaciones.

Lo importante

Recuerda que lo importante al momento de salir a recrearse con la familia no son los juegos que se juegan ni los paisajes que se ven. Lo más importante es disfrutar de la compañía de cada uno y terminar el tiempo de recreación con lindas memorias y un espíritu renovado.

¿Dónde comienzas?

Comienza a disfrutar de tus vacaciones desde el mismo momento en el que empiezan. Muchas veces perdemos calidad de tiempo juntos porque estamos desesperados por llegar a «descansar y disfrutar la vida» en nuestro lugar de destino. Empieza a descansar y a disfrutar la vida con el primer paso que des más allá de la puerta de tu casa.

Ahorros

No compres solamente tu boleto de avión con más de veintiún días de anticipación. También reserva el auto y el hotel que necesitarás por lo menos esa cantidad de días antes. Te evitarás sorpresas de último momento y conseguirás mejores precios. Averigua si puedes hacer un «paquete» con esas tres cosas. Los ahorros pueden ser importantes.

Llegar tarde

Si debes parar en un hotel por el camino para descansar y es bastante entrada la noche, pregunta si te darían un descuento. Recuerda que, de no ser por ti, esa habitación se quedaría vacía el resto de la noche y para el hotelero, como dice el refrán, siempre es mejor «pájaro en mano, que cien volando».

7. Vestimenta

Ahorra regularmente

Acostúmbrate a ahorrar para la vestimenta personal o familiar con cada pago que recibes. A pesar de que no uses el dinero, de todas maneras guárdalo en un sobre o jarra a fin de tener suficiente como para evitar comprar a crédito.

Educación

Educa a tu familia en cuanto al cuidado de la ropa. Disciplina a tus niños para que adopten buenas costumbres en el cuidado de la vestimenta. Los niños crecen rápido, pero tienen toda la capacidad del mundo para destruir la ropa que visten aun más rápido de lo que crecen.

Coser en casa

Aprende a confeccionar y arreglar ropa en casa. Confecciona tanta ropa para los niños como tu tiempo lo permita. (Como promedio, ahorrarás entre el 50 y el 60 % en este rubro del plan).

Reciclar

Aprendamos a reciclar la ropa usando nuestros recursos y nuestra inventiva en vez de convertirnos en simples consumidores. ¿Cuántas familias que, solo porque gozan de una mejor posición económica, tienen guardarropas llenos de prendas que ya no utilizan porque están «pasadas de moda»?

Conjuntos

Escoge conjuntos que se puedan utilizar en múltiples combinaciones.

¿Necesidad o gusto?

Muchas familias de clase media gastan excesivamente en vestimenta. Revisa tus principios y valores. Considera si en realidad es importante tener siempre la ropa de última moda.

¿Reflejan tus compras una necesidad o tu ego? ¿Compras ropa para recibir identidad o para satisfacer una necesidad?

Lista escrita

Haz una lista escrita de las necesidades de ropa y compra las cosas fuera de temporada siempre que sea posible. Eso te ayudará a tener un plan específico que cumplir con respecto a la vestimenta y podrás comprar lo que realmente necesitas cuando lleguen las ofertas especiales.

Lugares alternos

Frecuentemente las tiendas de descuento venden ropa «de marca», pero sin la etiqueta. Para obtener buenos precios en mercadería de calidad, ve a las tiendas que venden directamente de fábrica.

Segunda selección

A veces, en negocios de «segunda selección» puedes conseguir ropa a precios mucho más bajos que, por tener pequeños daños, las fábricas no pueden vender a tiendas regulares. Muchas veces los defectos son insignificantes, y si eres de una talla más pequeña ¡hasta pueden no verse en la prenda cuando la ajustes!

8. Salud

Digestión

Si quieres digerir apropiadamente, aprende a comer en paz.

Te ayudará a mantener tanto tu cuerpo como a tu familia en un mejor estado de salud.

Ejemplo

Acostúmbrate a comer, por lo menos, una comida con toda la familia cada día. La Asociación de Nutricionistas de California dice que los niños que comen con sus padres tienen la tendencia a imitar los hábitos de los mayores aprendiendo a elegir alimentos más nutritivos y saludables cuando sus padres no se encuentren presentes.

Colesterol

Come tantas claras de huevo como quieras, pero evita comer las yemas. La yema de un solo huevo tiene toda la cantidad de colesterol que tu cuerpo necesitará para el resto del día. Limítate a comer huevos y sus derivados solamente dos o tres veces por semana.

Pérdida de calcio

La gente que, en vez de tomar un vaso de leche, ingiere bebidas con cafeína como el café, el té y los refrescos puede no estar recibiendo la suficiente cantidad de calcio en su cuerpo e, incluso, puede estar perdiendo este importante componente de los huesos. Se ha comprobado que una taza de café puede hacerte perder a través de la orina hasta seis miligramos de calcio más allá de la cantidad que el cuerpo pierde en forma natural.

Remedios genéricos

Cuando vayas a comprar un remedio recetado, pregunta si la receta que te dieron tiene un producto paralelo genérico. El producto genérico (sin marca) por ley debe ser idéntico al de marca, excepto que no tiene los costos de promoción que tienen los productos de marca registrada. En casa siempre compramos las versiones genéricas de las recetas, nos ahorramos una buena cantidad de dinero y nunca hemos tenido problemas.

Remedios múltiples

A menos que tengas síntomas múltiples cuando estés afectado de un catarro, no compres remedios que solucionan múltiples problemas a menos que te lo recomiende tu doctor. Por ejemplo, cuando tengo tos, no compro un remedio para la tos, la fiebre y la congestión nasal. Generalmente cuesta más caro y, en realidad, no lo necesito.

Prevenir...

Nos guste o no, los dentistas tienen razón: mejor es prevenir que curar. La forma más barata de mantener una boca saludable es prevenir las caries y problemas dentales manteniendo al día la limpieza bucal. Trata de evitar comer entre comidas para mantener tus dientes libres de la placa que los deteriora. El 35 % de las enfermedades de las encías y la caída de los dientes se debe, primordialmente, a la enfermedad de nuestras encías. Hay que cuidarlas.

Estrategia dental

La idea principal subyacente a la costumbre de cepillarnos los dientes es evitar que la comida (especialmente los azúcares) formen la placa que destruye nuestros dientes. Entonces, acostumbra a tu familia y a ti mismo a cepillarse los dientes después de las comidas. Eso implica hacerlo después del desayuno y no permitirles que tomen jugos o coman hasta la siguiente comida. Luego, cepillarse después de comer y esperar para comer de nuevo en la cena.

Emergencias

Familiarízate con las clínicas y hospitales que hay a tu alrededor. Quizás necesites algún día usar sus servicios de emergencia y algunos minutos perdidos pueden representar la diferencia entre la vida

> y la muerte. En Estados Unidos, donde casi un tercio de la población se muda cada año, el problema de tener gente que no sabe dónde están los servicios de emergencia es creciente.

9. Seguros

Seguro de vida

Cuando la gente habla de seguros de vida, la primera pregunta es: ¿cuánto seguro comprar? Ni mucho ni poco.

Eso dependerá de cada familia e individuo. Estas son algunas de las preguntas que nos deberíamos hacer:

1. ¿Cuántas deudas tengo?

2. ¿Cuánto hace falta para terminar de pagar la hipoteca de mi casa?

3. ¿Tenemos niños(as) de corta edad?

4. Si la esposa es la única que trae un sueldo a la casa, ¿quiere el esposo salir a trabajar si fallece su esposa o prefiere quedarse en casa hasta que los hijos(as) sean mayores de edad?

5. ¿Cuánto dinero debería recibir el cónyuge por parte del gobierno si un miembro de la pareja fallece?

6. ¿Cuánto más le haría falta para no tener que salir a trabajar, si esa es su elección?

7. ¿Cuánto dinero debería haber en inversiones para generar esa entrada «extra» de dinero en intereses?

8. ¿Cuánto costará la educación de los hijos(as)? ¿Quiero dejar algo en el seguro de vida para pagar parte de esos gastos?

9. ¿Cuánto será el costo total del funeral y el entierro?

10. ¿Quiero dejar algo para alguna obra de beneficencia o para mi comunidad de fe (iglesia, sinagoga, etc.)?

11. ¿Hay algún otro gasto asociado a mi desaparición que debo tomar en cuenta?

Una vez que contestas esas preguntas, puedes saber realmente cuánto seguro de vida necesitas.

10. Gastos varios

Déjala en tu casa

Los últimos estudios de mercadotecnia indican que cuando una persona lleva una tarjeta de crédito en el bolsillo tiene la tendencia de gastar hasta un 18 % más en sus compras.[15] Hay pocas inversiones que le dejen a uno ese interés anual de ganancia limpia. ¡Déjala en casa y ahorra!

No deseches el café

No tires el café a la basura. Coloca el café usado en la tierra de las plantas que tienes alrededor de la casa. También úsalo como un buen fertilizante para el pasto (provee nitrógeno).

Pide descuentos

Es una cuestión de orgullo. No pedimos descuentos porque sentimos vergüenza. Sin embargo, «el que no pide no recibe»; y si quieres ahorrar en tus compras, pedir un descuento es una de las formas más efectivas de hacerlo. Como decía Benjamín Franklin: «Un centavo ahorrado es un centavo ganado». Otórgate un aumento de sueldo y pide descuentos con regularidad.

Usa internet

Si tienes acceso a un buscador en internet a través de una computadora o tu teléfono inteligente, es una buena idea tratar de averiguar cuál es el costo «normal» del producto que quieres comprar antes de adquirirlo.

Te sorprenderá la diversidad de precios que existen para un mismo producto y podrás ahorrar una buena cantidad de dinero, especialmente con los productos de alto costo.

Costos de bodas

Hoy en día los costos de las bodas y fiestas de quinceañeras están llegando a niveles realmente ridículos. A pesar de que uno se casa una sola vez en la vida, eso no quiere decir que la pareja tenga que empeñar su futuro por una noche de fiesta. Considera seriamente «volver a lo básico»: disfrutar juntos en familia y entre amigos de un momento muy especial para todos y usar el dinero extra para pagar por el adelanto de una casa, departamento o un terreno para la nueva familia.

¿Necesitas ayuda?

¿Te gustaría certificarte como instructor o mentor financiero?

Búscame en Facebook y Twitter: agpanasiuk

En Instagram: andrespanasiuk

www.andrespanasiuk.com

andres.panasiuk@NorthWise.us

Una nota personal de parte de Andrés

Al concluir este libro sobre el camino hacia la Prosperidad Integral, me gustaría compartir contigo una convicción personal: mi creencia en la Fuente de los principios y valores sobre los que hemos hablado en el tiempo que pasamos juntos. Creo que existe un Creador, Dios y Padre de todos nosotros, quien es la Fuente de donde emanan todos y cada uno de los Principios «P». Él los creó y los estableció en la naturaleza. También de él surgen y son posibles los valores personales que hemos compartido: el «fruto del Espíritu».

Pienso también que cada uno de nosotros tiene una carrera que Dios le ha puesto por delante. Él tiene un plan para cada uno de nosotros, y en la medida en la que corremos efectivamente esa carrera, que cumplimos con ese plan, nos sentimos más o nos sentimos menos satisfechos en la vida.

Creo que hay partes de nuestro ser que no se pueden cambiar solo tratando de «hacer» las cosas diferentes. Uno, simplemente, tiene que «ser» diferente, y para ello necesita «conectarse» y pedir ayuda de lo alto.

Se dice que Teilhard de Chardin solía afirmar: «Nosotros no somos seres humanos que tienen una experiencia espiritual. Somos seres espirituales que tienen una experiencia humana».[1] Estoy muy de acuerdo con eso.

Espero que a lo largo de su lectura, este libro haya podido tocar tanto tu experiencia espiritual como la humana. Deseo de todo corazón, por un lado, haberte ayudado a manejar mejor tu dinero semana tras semana, mes tras mes, y por el otro, espero haber dejado el tipo de huellas en tu vida que no solamente te ayuden a llegar al final de la carrera, como decíamos al principio, sino que te ayuden a llegar al final todavía con tu antorcha encendida.

Anexo

Plan de control de gastos

Definiciones y explicaciones

Ingresos

1) ¿Cuánto dinero trae a casa la esposa?

Vamos a escribir la cantidad sin tomar en cuenta aquella porción que corresponde a «César», es decir, la de los impuestos. Si el trabajo es por cuenta propia, hay que deducir los impuestos que se deben pagar con cada entrada de dinero. Por ejemplo, si vendes artículos en la calle y llevas normalmente 3.000 pesos a casa, sabiendo que a fin de año debes pagar el 30 % de ese dinero al gobierno, coloca solamente $2.000 en el casillero, porque 1.000 le corresponderán al gobierno, no son tuyos.

2) ¿Cuánto trae el esposo?

Igual a lo anterior.

3) ¿Cuánto ganamos con nuestro propio negocio?

Muchas familias latinoamericanas, a pesar de que tienen un trabajo normal de cuarenta o cuarenta y cinco horas por semana, también tienen un pequeño negocio familiar. Si tienes esa entrada extra, ¿a cuánto equivale cada mes? (recuerda deducir los impuestos). Si no ganas siempre lo mismo en tu negocio, entonces suma todas tus entradas por los últimos seis meses y divídelo entre seis para calcular el promedio de ganancias. La otra alternativa es tomar *el mes de menor ganancia* entre los últimos doce como el número para usar en el plan.

4) ¿Cuánto estás recibiendo de alquiler?

Muchas familias compran una casa donde vivir y alquilan una parte de ella. Otras, compran casas para alquilar como un negocio personal o familiar. ¿Cuánto estás ganando en alquileres? (Sin embargo, en muchos países, debemos recordar que tenemos que pagar impuestos al gobierno por los alquileres recibidos).

5) ¿Cuánto estás recibiendo de intereses en el banco?

Quizás tengas un depósito a plazo fijo en el banco y estás recibiendo una cantidad importante en forma mensual, semestral o anual. Divide esos ingresos por la cantidad de meses que sea (1, 4, 6, 12…) y usa ese número promedio en el plan.

6) ¿Hay alguna otra entrada de dinero en forma regular todos los meses?

En Estados Unidos (y en muchos otros países también), los individuos y familias reciben un retorno de impuestos por parte del gobierno una vez al año. A veces algunos tienen que pagar más al gobierno mientras que otros reciben dinero de vuelta por los impuestos que han pagado.

Si recibes una cantidad importante de dinero por parte del gobierno o de algún otro recurso una vez al año, te recomiendo que tomes ese dinero y lo dividas entre doce, de esta manera sabrás cuánto de ello deberías gastar cada mes. Otra de las opciones es tomar ese dinero y hacer una inversión única en el año, como arreglar la casa o pagar por anticipado parte del principal de la hipoteca de la vivienda.

El ingreso neto disponible

El ingreso neto disponible (a partir de ahora IND) es la cantidad que uno tiene para gastar cada mes. Ese es el límite de gastos. Es lo que me queda en la cuenta de banco o en mi bolsillo luego de darle al gobierno lo que le pertenece y dar a Dios o al prójimo como un acto de generosidad.

Mucha gente, en especial la de latinoamericana que vive en Estados Unidos, dice: «Andrés, yo gano $36.000 o $70.000 al año». Eso no es muy cierto, porque en realidad si alguien gana $30.000 al año, lo que lleva a su casa y tiene para gastar es 20, 22 o 24 mil, no 30 mil. Porque al gobierno le pertenece entre el 15 y el 30 % de nuestro salario y, si hemos decidido dar otro porcentaje para donaciones o ayudar a la familia, en realidad, el IND es de solamente unos 18 a 20 mil. El problema es que, cuando llegamos a Estados Unidos, gastamos como si tuviéramos 30.000 dólares.

Egresos (gastos)

Transporte. Este rubro se refiere a descubrir cuánto estamos gastando en transporte, ya sea propio o público (autobús, tren, subterráneo). En Europa y Estados Unidos los gastos de automóvil son bastante importantes. Inclusive en algunos países del mundo el precio de la gasolina a veces es tan alto que los gastos de transporte pueden llegar a ocupar una parte significativa dentro del plan para controlar gastos a nivel personal o familiar.

Así que coloca, en la categoría llamada «Transporte», cuánto estás gastando de promedio en gasolina, aceite, reparaciones (tal vez no gastes dinero en aceite o en reparaciones todos los meses, pero puedes usar un promedio), impuestos y seguros. Lo mejor es reducir todos estos gastos a nivel mensual.

Por ejemplo, aunque uno no repare el auto todos los meses, debe tener una idea de cuánto está gastando, en promedio, en reparaciones. Para encontrar ese promedio, simplemente calcula cuánto gastaste en arreglar el auto en los últimos doce meses y divide esa cantidad entre doce. Lo mismo ocurre con el mantenimiento.

Si no tienes auto, ¿cuánto estás gastando en transportación pública? O quizás estás viajando con otra persona, en el automóvil de alguna amistad, y le das una cantidad de dinero cada mes para ayudarle con los gastos de mantenimiento del auto. Eso se acostumbra mucho en algunos países de nuestro continente: que una persona maneje y otras cuatro o cinco viajen con ella, para luego a fin de mes cooperar con los gastos de gasolina.

A lo largo de los años he recomendado que en Estados Unidos no se gaste más del 15 % del IND en transporte. Si deseas practicar, aquí te presento una tabla para llenar en el rubro o categoría de TRANSPORTE:

Transporte		Coloca aquí el promedio mensual de todos los gastos de transportación que tengas. No tiene que ser «exacto», escribe una aproximación de los gastos. Tus cálculos mejorarán con el paso del tiempo. Incluye los boletos de tren y autobús. Si tienen más de un auto, sumen los gastos de los dos y colóquenlos juntos.	*Consejo amigo...* ¿Cuál es tu ingreso neto disponible? IND= _____ Multiplica esa cantidad por 0,15 _____(IND) x 0,15 Coloca abajo el resultado. (Esta es la cantidad de dinero que deberías estar gastando en transporte como máximo).
Pagos mensuales del auto	$ _____		
Impuestos	$ _____		
Gasolina	$ _____		
Aceite	$ _____		
Seguro del auto	$ _____		
Reparaciones (promedio)	$ _____		
Mantenimiento (promedio)	$ _____		
Transporte público	$ _____		
Otros gastos	$ _____		
Suma todas las cantidades. (Este es el total de gastos de transportación que tienes).			

Vivienda. Aquí debes descubrir cuánto estás gastando en tu vivienda. Si estás alquilando, probablemente estés gastando menos que si tienes casa propia. Sin embargo, eso no siempre es verdad. Especialmente cuando uno tiene beneficios impositivos del gobierno o se ha involucrado en algún plan gubernamental para proveer casas a bajo costo a la población.

A veces, sin embargo, el mantenimiento de una casa puede ser bastante costoso. Donde las casas son de cemento y ladrillo se requiere de un menor mantenimiento. En aquellos países, como Estados Unidos y Canadá, donde las casas se construyen utilizando mucha madera y yeso, los gastos pueden ser más altos.

En cualquiera de los casos, esta es una categoría muy importante. En general, la vivienda junto con la comida y el transporte son las áreas más peligrosas del plan. La mayoría de las personas con problemas financieros que aconsejamos tienen dos problemas básicos: o han comprado demasiada casa o han comprado demasiado auto.

Stanley y Danko dicen que si no eres millonario, pero quieres serlo algún día, puedes imitar la actitud de ellos con respecto a la compra de sus casas: «Nunca compres una casa que requiera una hipoteca que sea más del doble de tu salario anual».[1] Entonces, si entre tú y tu esposa ganan $50.000 al año, tu hipoteca no tendría que ser más de $100.000. Así se comportan los millonarios en Estados Unidos.

Cuando consideramos los gastos de la vivienda, lo primero que tenemos que escribir es cuánto estamos pagando de alquiler o de hipoteca. Luego, también tenemos que considerar los impuestos y los seguros. A veces el seguro, el impuesto y el pago de la casa se hacen juntos en un solo pago. Te recomiendo que no dividas

---

[1] Stanley y Danko, *The Millionaire Next Door*, p. 257.

las cantidades, sino que coloques una sola cantidad en el casillero destinado a la hipoteca o al alquiler.

Piensa. ¿Cuánto estás gastando cada mes en servicios como la luz, el gas, el teléfono, el agua, el cable, etc.? Si estás pensando en hacer un proyecto especial de construcción, ¿cuánto estarías gastando mensualmente en el mismo (más o menos, en promedio) por los próximos doce meses?

Algunas ciudades cobran mensualmente por el barrido de las calles, la limpieza y la recogida de la basura. Coloca todos los números asociados con estos gastos dentro de esta categoría.

Yo recomiendo que no más de 38 a 40 % de tu IND vaya a parar a todos los gastos de la vivienda. Si vives en una gran ciudad de Estados Unidos, seguramente estarás pensando: «¡El 38 % de mi ingreso neto disponible! Con lo caro que es vivir en Nueva York, Chicago o Los Ángeles…».

Es verdad. El problema no es que las casas estén caras en Nueva York, Chicago o Los Ángeles… ¡el problema es que no ganas lo suficiente para vivir en Nueva York, Chicago, Miami o Los Ángeles! De pronto vas a tener que irte a vivir a un lugar mucho más barato.

Si deseas practicar, aquí te presento una tabla para llenar en el rubro o categoría de VIVIENDA:

Gastos de vivienda		Coloca aquí todos los gastos de tu vivienda. Si los impuestos y el seguro vienen incluidos en el pago de la hipoteca, escribe el pago mensual total que efectúas y deja en blanco los otros renglones.	*Consejo amigo...* ¿Cuál es tu ingreso neto disponible?
Alquiler	$_____		IND=_____
Hipoteca	$_____		
Impuestos	$_____		Multiplica esa cantidad por 0,38
Seguros	$_____		_____(IND)
Luz	$_____		x 0,38
Gas	$_____		
Teléfono	$_____		Coloca abajo el resultado. (Esta es la cantidad de dinero que deberías estar gastando en vivienda como máximo).
Agua	$_____		
Mantenimiento	$_____		
Cable	$_____		
Internet	$_____		
Proyectos	$_____		
Otros gastos	$_____		
Suma todas las cantidades. Este es el total de gastos de vivienda que tienes.			

Comida. En este rubro colocaremos todo el dinero que estés gastando en artículos alimenticios. Escribe cuánto, más o menos, estás gastando en comida mensualmente. En Estados Unidos, más o menos entre el 12 y el 15 % de tus ingresos monetarios deben destinarse a la comida. A veces un poco más, a veces un poco menos. En general, a los latinos nos gusta comer, y nos gusta comer bien. Por eso, cuando nos mudamos a Estados Unidos gastamos más de lo que gastarían los norteamericanos en general. Dicen algunas estadísticas que en Estados Unidos los latinoamericanos, cuando vamos al mercado, gastamos un 30 % más que los anglosajones… ¡por eso es que los dueños de los supermercados nos aman!

Si no vives en Estados Unidos, no prestes atención a ese porcentaje. Simplemente asegúrate de que, cuando sumes el porcentaje de todos los rubros, te dé el cien por ciento y no más.

> Aquí va un dato muy importante: si vives en Estados Unidos y estás gastando —en la suma de los alimentos, el transporte y la casa— más del 75 % de tus ingresos monetarios, estás en serios problemas.

Algo debe cambiar en tu plan, porque si estás gastando más de ese porcentaje, no te está quedando la suficiente cantidad de dinero para las otras ocho o nueve categorías que todavía nos quedan por delante.

Nuevamente, lo importante en un plan para controlar tus gastos no son los porcentajes que te estoy sugiriendo. Por ejemplo, a fines de los años 1990, en Guatemala, los guatemaltecos estaban gastando alrededor del 37 % de sus ingresos en alimentos y bebidas. Pero solamente el 21,6 % en vivienda. ¿Vemos cómo en diferentes países la estructura de los gastos es distinta?

Lo importante es que le asignes a cada una de las categorías un porcentaje determinado de tu IND, y que cuando sumes todas las categorías el resultado sea el cien por ciento o menos (no el 110, ni el 120 o el 130 %).

Si estás casado(a) es imperante la participación de ambos cónyuges en el proceso de decisión sobre la asignación de esos porcentajes. Si el plan familiar es solamente producto de un solo miembro de la pareja, créeme, estás perdiendo el tiempo.

Si deseas practicar, aquí tienes una tabla para llenar en el rubro o categoría que llamamos normalmente «COMIDA»:

Comida	$ _____	Incluye todos tus gastos en alimentos. No incluyas artículos de limpieza (esos van en los gastos varios). Si los incluyes, debes disminuir el porcentaje de «gastos varios». No incluyas comidas afuera de la casa. Esas son parte de «recreación y entretenimiento».	*Consejo amigo...* ¿Cuál es tu ingreso neto disponible? IND=_____ Multiplica esa cantidad por 0,15 _____(IND) x 0,15 Coloca abajo el resultado. (Esta es la cantidad de dinero que deberías estar gastando en comida como máximo).
Repite aquí la cantidad que gastas en alimentos.			

Ahorros. Coloca en este rubro todo el dinero que estés ahorrando con regularidad. ¿Tienes que poner un «0» bien grande? No te preocupes... ¡En el futuro lo cambiarás!

El ahorro tiene como meta crear un «fondo de emergencias». El fondo de emergencias debería tener entre dos y tres meses de dinero en efectivo acumulado —y guardado en algún lado— para gastos personales o familiares imprevistos. «Hombre prevenido vale por dos», dice un refrán popular. En cuanto a lo financiero, creo que un hombre prevenido debe valer, por lo menos, ¡3,75 más intereses!

Si lo deseas, aquí tienes una tabla para llenar en el rubro o categoría de AHORRO E INVERSIONES, y así ver la realidad de cómo te estás preparando para el futuro:

| **Ahorros** | $_____ | Incluye solamente los ahorros que guardas cada mes —ahora mismo— y en efectivo. No coloques lo que *quisieras* ahorrar. Eso lo colocarás en el NUEVO PLAN.

Las inversiones deben ir en otra parte de tu plan, al final. | ***Consejo amigo...*** ¿Cuál es tu ingreso neto disponible?

IND=_____ Multiplica esa cantidad por 0,05 _____(IND) x 0,05

Coloca abajo el resultado. (Esta es la cantidad de dinero que deberías estar ahorrando, mes tras mes, como mínimo). |
| Repite aquí la cantidad que ahorras al mes. | | | |

Deudas. En esta categoría escribe todos los **pagos mensuales** de deudas de consumo y préstamos que estás haciendo, aunque no incluyas el pago del auto o la casa. Por ejemplo: si tienes una tarjeta de crédito con una deuda de $1.000 y estás pagando $100 todos los meses, coloca en esta categoría $100 (el pago mensual y no la deuda total). Si le has pedido dinero a tu padre, o a algún otro pariente, y estás pagando la deuda en forma periódica, coloca en el casillero cuánto estás pagando mensualmente (por lo menos, en promedio).

Si tienes una cuenta al fiado o si, por ejemplo, compraste un televisor a pagar en cuotas, coloca allí la cantidad del pago mensual. Ahora, suma todos los pagos de todas tus deudas y colócalo en el casillero correspondiente. En Estados Unidos no más del 5 % de tu IND debería ir al pago mensual de deudas.

Si deseas practicar, aquí tienes una tabla para llenar en el rubro o categoría de PAGO DE DEUDAS:

Pago de deudas		Escribe el pago promedio o el pago mínimo que estás realizando mensualmente para saldar todas tus deudas. Aquí no se debe incluir el pago de la casa ni el pago del auto.	*Consejo amigo...* ¿Cuál es tu ingreso neto disponible? IND=_____ Multiplica esa cantidad por 0,05 _____(IND) x 0,05 Coloca abajo el resultado. (Esta es la cantidad máxima de dinero que deberías estar pagando, mes tras mes, en tus pagos de deudas).
Tarjetas	$ _____ $ _____ $ _____ $ _____		
Préstamos	$ _____ $ _____ $ _____ $ _____		
Fiado	$ _____ $ _____ $ _____ $ _____		
Suma todas las cantidades. Estos son tus pagos mensuales de deudas.			

Entretenimiento. Estas son las salidas a pasear que hacemos en forma habitual y no tan usual. Incluye **todas las comidas** que ingerimos en los restaurantes y no preparamos en casa. También incluye un ahorro mensual para salir de vacaciones, por lo menos, una vez al año.

Escribe aquí la realidad, no lo que te gustaría hacer. Si no estás separando cada mes dinero para salir de vacaciones, no lo coloques en tu primer análisis. Mi recomendación es que calcules cuál es el gasto anual de vacaciones, lo dividas entre doce y, luego, lo sumes a los gastos de entretenimiento en el «nuevo plan».

En Norteamérica, no más del 4 % de tu IND debería destinarse a recreación. Si deseas practicar, aquí tienes una tabla para llenar en el rubro o categoría de ENTRETENIMIENTO:

Entretenimiento		Escribe cuánto gastas mensualmente en salir a pasear, en comer en restaurantes, en otros entretenimientos y el ahorro mensual para las vacaciones.	*Consejo amigo...* ¿Cuál es tu ingreso neto disponible?
Vacaciones	$ _____		IND= _____ Multiplica esa cantidad por 0,04
Restaurantes	$ _____		_____ (IND)
Salidas de paseo	$ _____		x 0,04
Otros entretenimientos	$ _____		Coloca abajo el resultado. Esta es la cantidad de dinero que deberías estar gastando, mes tras mes, en entretenimiento y recreación).
	$ _____		
	$ _____		
	$ _____		
	$ _____		
	$ _____		
	$ _____		
Suma todas las cantidades. Estos son tus gastos mensuales de recreación.			

Vestimenta. Aquí colocarás todos los gastos que tienen que ver con la ropa y el vestido. Incluye los zapatos y otros artículos con los que nos vestimos.

Deberías tener una cajita o un sobre donde estés poniendo dinero todos los meses para esta categoría. Así, si tienes familia y llega el momento de comprar zapatos para los niños, o ropa para ti o cualquier cosa que tenga que ver con la vestimenta, no sacarás de la comida para comprarlo, sino que tendrás un ahorro para comprar lo que se necesita.

En Norteamérica, no más del 4 % del IND debería ser asignado cada mes para el gasto de la vestimenta. Si deseas practicar, aquí tienes una tabla para llenar en el rubro o categoría de VESTIMENTA:

Vestimenta	$ _____	Escribe la cantidad que gastas mensualmente, en promedio, para vestirte tú y vestir a tu familia (si la tienes).	*Consejo amigo...* ¿Cuál es tu ingreso neto disponible? IND=_____ Multiplica esa cantidad por 0,04 _____(IND) x 0,04 Coloca abajo el resultado. (Esta es la cantidad de dinero que deberías estar gastando, en promedio, para vestimenta).
Repite aquí la cantidad que gastas al mes en vestimenta.			

Salud. Piensa y calcula: ¿Cuánto, en promedio, estás gastando todos los meses en médico, dentista o medicinas? ¿Estás comprando algún medicamento en forma periódica? En casa, por razones médicas, usamos lentes de contacto desechables. Cada cuatro meses debemos comprar lentes nuevos. Lo que hacemos es tomar el gasto que tenemos cada cuatro meses, dividirlo entre cuatro y colocar ese dinero aparte en nuestra cuenta de ahorros cada mes. Cuando llega el momento de comprar lentes, tenemos el dinero ahorrado.

Puede que también tengas ese tipo de gastos. Cada cierta cantidad de tiempo quizás necesites comprar alguna medicina o debas asistir al doctor con regularidad. Si el gasto es cada tres meses, divídelo entre tres y colócalo en el casillero; si es cada cuatro, divídelo entre cuatro...

También puede que tengas un seguro de salud que estés pagando en forma mensual. En muchos países (entre ellos Estados Unidos), los seguros de salud son bastante caros. Es importante que anotes la cantidad que pagas de seguro de salud dentro de esta categoría.

Si vives en Estados Unidos, no recomiendo que más del 5 % de tu IND vaya a los gastos relacionados con la salud. A veces es imposible gastar menos por causas ajenas a ti. De modo que, en el «nuevo plan», tendrás que ajustar otros gastos para poder incrementar el gasto de la salud.

Si deseas hacer el cálculo de cuántos gastos de salud tienes, aquí te presento una tabla para llenar en el rubro o categoría de SALUD:

Gastos de salud		Escribe la cantidad promedio que gastas mensualmente en la salud personal o familiar.	*Consejo amigo...* ¿Cuál es tu ingreso neto disponible?
Pagos a los médicos	$ _____		IND=_____
Gastos de dentista	$ _____		Multiplica esa cantidad por 0,05
Compra de medicinas	$ _____		_____(IND) x 0,05
Cuota del seguro de salud	$ _____		Coloca abajo el resultado. (Esta es la cantidad promedio de dinero que deberías estar gastando en salud).
Compra de lentes de contacto	$ _____		
Otros gastos de salud	$ _____		
Suma todas las cantidades. Estos son tus gastos mensuales de salud.			

Seguros. Aquí debes colocar los seguros que estés pagando, con excepción del seguro de salud, el seguro del auto y el seguro de la casa.

Si no tienes un seguro de vida, deberías tenerlo. Créeme.

Por lo menos, deberías estar seguro de que al final de tus días, en algún lugar, hay suficiente cantidad de dinero como para dejar todas tus cuentas saldadas. Recibí una carta hace algunos días de una señora que vive en el Caribe, en la que me dice: «Mi esposo ha pasado a la presencia de Dios hace un par de semanas y me dejó más de $65.000 en deudas. ¿Qué hago?». Es terrible. Los varones no deberíamos ser tan irresponsables con nuestras viudas y nuestros hijos.

Lo mismo digo para todas las mujeres que son la principal fuente de ingresos económicos en la casa. Todos debemos tener un seguro de vida, por lo menos para saldar cuentas, para el entierro y para invertir en el futuro de nuestros hijos e hijas.

Me enteré, en el sur de Estados Unidos, del caso de un finado que estuvo cinco días en el comedor de su casa porque nadie lo quería enterrar. La compañía encargada del entierro exigía, por lo menos, el cincuenta por ciento del dinero por adelantado y la viuda no tenía un dólar. Enterrar al hombre costaba casi $5.000 y había que pagar, por lo menos, $2.500 antes de tocar al muerto.

Así que allí se quedó ese señor, en el comedor de su casa, hasta que varias iglesias y parroquias de la zona se enteraron y juntaron los $2.500 necesarios para resolver la situación. Necesitaron cinco días a fin de juntar el dinero y pagarle a la empresa para que enterraran al hombre.

Uno diría: «Pobre hombre, qué terrible es la compañía funeraria». ¡No señor! Yo diría: «Pobre mujer». Ese *ingrato* fue un total irresponsable. Viviendo en Norteamérica, él sabía muy bien los costos del entierro de una persona en ese país. Además, el costo de su seguro de vida estaba incluido a un precio ridículamente bajo en su salario.

Sin embargo, como muchos varones —especialmente, **varones**— en nuestra comunidad hispana de Estados Unidos, él le pidió a su jefe que eliminara su seguro de vida y le diera los veinticinco dólares mensuales que costaba el bendito seguro.

Fue culpa de ese hombre que medio pueblo tuviera que andar buscando dinero para ponerlo bajo tierra. Fue culpa suya, también, haber dejado a su mujer en la pobreza.

En Estados Unidos, el costo de un seguro de vida es extremadamente barato comparado con el sueldo que se recibe. Con dos o tres horas de trabajo al mes podría haber pagado un seguro de vida que costeara todos los gastos de su entierro y, a la vez, dejarle un par de decenas de miles de dólares a la viuda para que se ajustara a su nueva situación.

Lo que pasa es que no nos gusta hablar de la muerte. Creemos que si hacemos arreglos para cuando nos vayamos a morir nos va a traer mala suerte. ¡Todo lo contrario, señores! La pregunta con respecto a la muerte no comienza con: «Si…», comienza con: «Cuándo…». Tengo malas noticias para ti: te vas a morir algún día.

Entonces, ¿cómo quieres que te recuerden en tu funeral? ¿Como alguien que tuvo previsión, sabiduría y amor para con los suyos o como el irresponsable que dejó a su familia «entre la pampa y la vía» de mi historia?

Todos nosotros, varones y mujeres, debemos tener la cantidad suficiente de seguro para dejar las cosas en orden. No es tan caro como pensamos y muestra una actitud de madurez y responsabilidad de nuestra parte.

Una palabra especial para aquellos que viven en países en desarrollo o países donde, en general, el común de la gente no requiere un seguro de vida: si tienes un negocio y ese negocio tiene deudas, debes tener un seguro de vida que cubra todas esas deudas.

Aquí hay algunas preguntas que me gustaría hacerte:

¿Necesitas un seguro de vida? Sí: _____ No: _____

¿Tienes uno?   Sí _____   No _____

Si lo tienes, ¿saben tus beneficiarios que lo tienes?

Sí _____   No _____

¿Cuál es el valor total de tu póliza de seguro de vida? _____

¿Es suficiente para cubrir tus gastos de entierro, pagar todas tus deudas y proveer para las metas educacionales de tus hijos(as)?

Sí _____   No _____

Una humilde recomendación: multiplica tus entradas **anuales** por cinco, esa es una cantidad de seguro de vida a considerar, en caso de que lo necesites. Si consideras esa cantidad, puedes empezar a pensar en el asunto.

Si no tienes un seguro de vida, escribe el nombre de un par de compañías respetables, sus números telefónicos y la fecha en que has hecho una cita con ellos:

Nombre de la empresa de seguros	Teléfono	Fecha de la cita

Nota: El seguro de vida no es una lotería, es un «fondo común» entre varias personas para ayudarse a proveer para sus necesidades en caso de alguna emergencia. Representa la inversión de tu capital durante la época de las «vacas gordas» para proveer durante la época de las «vacas flacas». Es imitar a la hormiga, que guarda durante el verano para proveerse durante el invierno.

Seguros		Escribe la cantidad que pagas mensualmente en seguros. No debes incluir el seguro de salud, el de la casa ni el del auto, porque ya están incluidos en otras categorías.	Consejo amigo... ¿Cuál es tu ingreso neto disponible? IND=_____ Multiplica esa cantidad por 0,05 _____(IND) x 0,05 Coloca abajo el resultado. (Esta es la cantidad de dinero que deberías estar pagando, como máximo, en seguros).
Seguro de vida	$ _____		
Otros seguros	$ _____		
Suma todas las cantidades. Estos son tus pagos mensuales en seguros.			

Gastos varios. Los gastos son las suscripciones a diarios, a revistas, cosméticos para la señora, gastos de peluquería, lavandería, tintorería, comidas en el trabajo, barbería para los varones, cuotas de clubes, pasatiempos que tengas, gastos de cumpleaños (¿te has dado cuenta de que todos los meses hay alguien que cumple años en la familia?), aniversarios, regalos de Navidad, etc.

Algunos de nosotros estamos ayudando a nuestros padres o miembros de nuestra familia en forma regular adentro o afuera del país. Esa ayuda podría colocarse en «gastos varios».

Colocamos en gastos varios el dinero en efectivo que gastamos en dulces o en darnos un gusto de vez en cuando. Eso incluye, básicamente, cualquier gasto que no hemos considerado anteriormente.

El control de nuestros gastos varios es crítico para poder llegar a fin de mes. A partir de hoy, te vas a asignar una cantidad de dinero para emplear en «gastos varios» y, cuando se te acabe, debes hacer el profundo compromiso de dejar de gastar.

Esa será la única forma de controlar tu plan y los gastos que tienes. Si no lo haces, nunca llegarás a fin de mes.

Si deseas practicar, aquí te presento una tabla para llenar en este rubro:

Gastos varios		Coloca aquí todos los gastos. Incluye los regalos de cumpleaños de la familia, de aniversarios y de Navidad.	**Consejo amigo...** ¿Cuál es tu ingreso neto disponible?
Diarios	$_____		IND=_____
Revistas	$_____		Multiplica esa cantidad por 0,04
Suscripciones	$_____		_____(IND)
Cosméticos	$_____		x 0,04
Peluquería	$_____		
Lavandería	$_____		Coloca abajo el resultado. (Esta es la cantidad de dinero que deberías estar gastando en gastos varios como máximo).
Tintorería	$_____		
Almuerzos	$_____		
Cuotas de clubes	$_____		
Pasatiempos	$_____		
Cumpleaños	$_____		
Aniversarios	$_____		
Feriados especiales	$_____		
Ayuda a padres	$_____		
Ayuda a familia	$_____		
Envíos al exterior	$_____		
Otros	$_____		
Suma todas las cantidades. Este es el total de gastos varios que tienes cada mes.			

Hasta aquí, nuestro plan llega al cien por ciento del ingreso neto disponible:

Transporte	15 %
Vivienda	38 %
Comida	15 %
Ahorros e inversiones	5 %
Pago de deudas	5 %
Entretenimiento	4 %
Vestimenta	4 %
Salud	5 %
Seguros	5 %
Gastos varios	4 %
Total gastos	**100 %**

Sin embargo, hemos encontrado que en diferentes países existen distintas necesidades, especialmente en el área educacional. Por eso, hemos agregado un par de categorías más y hemos abierto la oportunidad para que se sumen nuevas categorías en caso de ser necesarias.

Así que, al agregar estas categorías extras, recuerda que deben ajustarse para que los gastos todavía cubran el cien por ciento de nuestro ingreso neto disponible.

Por ejemplo: si tienes a tu hijo en una escuela privada y eso se lleva el 5 % de tu IND, entonces, deberás disminuir los porcentajes de otras categorías como gastos médicos, deudas o transporte para mantener tus gastos dentro del cien por ciento de tu ingreso neto disponible.

Referencias

PRIMERA PARTE

El secreto del dinero

1. Ancient Olympics: Torch Race. http://ancientolympics.arts. kuleuven.be/eng/TC002eEN.html, 4 agosto 2022.

2. C. S. Lewis, *La abolición del hombre* (Nashville: HarperCollins Español, 2016). No confundir con la religión del «taoísmo».

3. Dr. Larry Burkett, seminario «La familia y sus finanzas». Conceptos Financieros Crown, 1998.

4. Para más información sobre el experimento en «Stanford marshmallow experiment», ver W. Mischel, Y. Shoda, M. I. Rodriguez, «Delay of gratification in children», *Science* 244, no. 4907 (26 mayo 1989), pp. 933–38, http://www.sciencemag. org/content/244/4907/933.abstract.

5. Biblioteca Popular Sarmiento. «Test del malvavisco» https:// www.youtube.com/watch?v=JUTEjsGUGXc, 3 septiembre 2022.

6. Sid Kemp, Did Albert Einstein ever say/write that "We can't solve problems by using the same kind of thinking we used when we created them"? If so, where and when did he say/ write so? Quora, https://www.quora.com/Did-Albert-Einstein-ever-say-write-that-We-cant-solve-problems-by-using-the-same-kind-of-thinking-we-used-when-we-created-them-If-so-where-and-when-did-he-say-write-so, 1 enero 2021.

7. Stephen R. Covey, *The 7 Habits of Highly Effective People* (New York: Simon & Shuster; 1990), pp. 18, 19. [Publicado en español bajo el título *Los 7 hábitos de la gente altamente efectiva* (Barcelona: Ediciones Paidós Ibérica, 2005)].

8. José de San Martín, «Máximas para mi hija». Tomado de la página de la Dirección General de Escuelas de la Provincia de Mendoza. https://www.mendoza.edu.ar/maximas-redactadas-por-el-general-san-martin-para-su-hija-mercedes/, 6 agosto 2022.

Siete Principios «P»

1. El principio de la renuncia

1. Larry Burkett, *¿Cómo manejar su dinero?* (Grand Rapids, Michigan: Editorial Portavoz, 1993).

2. El principio de la felicidad

1. Affluenza, What is it? Test your consumption quotient. https://www.pbs.org/kcts/affluenza/diag/what.html, 9 agosto 2022.

2. *Mental Health Today. People were happier in 1957 than today, according to research.* https://www.mentalhealthtoday.co.uk/people-were-happier-in-1957-than-today-according-to-research. Publicado 23 enero 2017 y consultado 9 agosto 2022.

3. Jesús de Nazaret. Paráfrasis del autor. Tomado del texto de San Lucas, capítulo 12, versículo 15.

4. Un universo mejor. «La verdadera felicidad». https://youtu.be/JATSHaxk44w, 3 septiembre 2022.

3. El principio de la perseverancia

1. Leonardo da Vinci. Siglos quince y dieciséis A. D. Citado en la página web de ATX Fine Arts. https://www.atxfinearts.com/blogs/news/leonardo-da-vinci-quotes, 11 agosto 2022.

2. Miguel de Cervantes Saavedra. Don Quijote de la Mancha, parte 1, capítulo 46. Madrid, 1605. https://cvc.cervantes.es/lengua/refranero/ficha.aspx?Par=58851&Lng=0. Tomado del Centro Virtual Cervantes, 11 agosto 2022.

3. Confucio. Filósofo y maestro chino, años 551-479 A. C.

4. Rey Salomón. Libro de los Proverbios, capítulo 24, versículo 16. Literatura Sapiensal. Siglo diez A. C. Traducción Nueva Versión Internacional. Santa Biblia, NUEVA VERSIÓN INTERNACIONAL® NVI® © 1999, 2015 por Biblica, Inc.®, Inc.® Usado con permiso de Biblica, Inc.® Reservados todos los derechos en todo el mundo.

5. Thomas J. Stanley y William D. Danko, *The Millionaire Next Door* (New York: Pocket Books, 1996), p. 257 [publicado en español bajo el título *El millonario de la puerta de al lado*].

6. Tomado de un artículo escrito por Don Hofstrand para Iowa State University, Archivo C5-93, mayo de 2013. https://www.extension.iastate.edu/agdm/wholefarm/html/c5-93.html, 9 agosto 2022.

7. Eco arado, canal oficial. La importancia de la paciencia y la resiliencia. Fábula del helecho y el bambú. https://www.youtube.com/watch?v=mp4xe3Mw7Ck, 3 septiembre 2022.

4. El principio de la moderación

1. Benjamin Franklin (por Richard Saunders). Poor Richard's Almanack, Filadelfia, 1737. Traducción y adaptación del autor.

Tomado del sitio web de The Franklin Institute: https://www.fi.edu/benjamin-franklin/7-things-benjamin-franklin-never-said, 11 agosto 2022.

2. Numbeo. *Europe: Quality of Life Index by Country 2022.* https://www.numbeo.com/quality-of-life/rankings_by_country.jsp?title=2022&region=150, 12 agosto 2022.

3. William Kremer y Claudia Hammond. *Abraham Maslow and the pyramid that beguiled business,* Londres, 1 de septiembre de 2013. Publicado en la página de la revista de la BBC https://www.bbc.com/news/magazine-23902918, 11 agosto 2022.

5. El principio de la integridad

1. Thomas Paine Quotes. BrainyQuote.com, BrainyMedia Inc, 2022. https://www.brainyquote.com/quotes/thomas_paine_106084, 12 agosto 2022.

2. C. S. Lewis. *Reflections: Rats in the Cellar of My Life.* C. S.Lewis Institute, 2 febrero 2008. https://www.cslewisinstitute.org/resources/reflections-february-2008/, 12 agosto 2022.

3. Stephen Carter. *Integrity,* Harper Perennial (New York: Harper Collins, 19 diciembre 1996), p. 182.

4. Escuela Anexa Elías Serrano Jiménez. El valor de la integridad. https://www.youtube.com/watch?v=oNZknDaULf0, 3 septiembre 2022.

5. Who&How. Valor de la integridad. https://www.youtube.com/watch?v=UwHMbl2RJ4E, 3 septiembre 2022.

6. Jerry White. The Power of Integrity, publicado el 1 de enero de 2021 en el sitio de C. S. Lewis Institute, https://www.cslewisinstitute.org/resources/the-power-of-integrity/, 13 agosto 2022.

7. Sócrates, citando a Platón en *Apología,* 38a.

6. El principio del amor y la compasión

1. Pablo de Tarso. Primera Carta a los Corintios. Capítulo 13, versículos 4 al 8. Siglo uno A. D. Traducción al Lenguaje Actual. Sociedades Bíblicas Unidas.

2. Mahatma Ghandi. Publicado en el sitio web de Gandhi Research Foundation, Jalgaon, India. https://www.mkgandhi.org/sfgbook/sixteenth.htm. Traducción del autor. 13 agosto 2022.

3. Aristóteles. *Política*, libro 4, 1296ª línea 1-3. http://www.perseus.tufts.edu/hopper/text?doc=Perseus%3Atext%3A1999.01.0058%3Abook%3D4%3Asection%3D1296a. Traducción del autor. 13 agosto 2022.

4. Shine Ecuador. Generosidad. https://www.youtube.com/watch?v=3vGsyqaBRZE, 3 septiembre 2022.

5. Organización «Una vida mejor». La generosidad, pásala. https://www.youtube.com/watch?v=Wot2NrW7il8, 3 septiembre 2022.

7. El principio del dominio propio

1. Lao Tzu. Tao Te Ching 33. Como aparece en la página web de Green Way Research, Valley Spirit Center, Gushen Grove Notebooks, Vancouver, Washington. Traducción del autor. https://www.egreenway.com/taoism/ttclz33.htm#:~:text=One%20who%20conquers%20others%20is,perish%2C%20has%20life%20everlasting.%22, 13 agosto 2022.

2. Dhammapada, verse 103. *The Dhammapada: An Anthology of Buddhist Verses*. Traducidos al inglés por John Richards. Este documento se distribuyó originalmente en internet como parte de los Archivos Electrónicos Budistas, disponibles en la Biblioteca Virtual de la World Wide Web, mantenida por miembros del personal de la Universidad Nacional de Australia. https://

www2.kenyon.edu/Depts/Religion/Fac/Adler/Reln260/Dhammapada.htm, 13 agosto 2022.

3. Rey Salomón. Libro de los Proverbios, capítulo 25, versículo 28. Literatura Sapiensal. Siglo diez A. C. Adaptación del autor a la traducción Dios Habla Hoy (Nueva York: American Bible Society, 1996).

4. Pablo de Tarso. Carta Universal a los Gálatas, capítulo 5, versículos 22 y 23. Siglo uno A. D.

5. Stephen R. Covey, *The 7 Habits*, pp. 69, 70.

SEGUNDA PARTE

Siete ingredientes para la prosperidad

1. Robert Kennedy, citando a George Bernard Shaw. Conferencia ofrecida en la Universidad de Kansas, 18 de marzo de 1968. Tomado de la Biblioteca y Museo Presidencial John F. Kennedy. https://www.jfklibrary.org/learn/about-jfk/the-kennedy-family/robert-f-kennedy/robert-f-kennedy-speeches/remarks-at-the-university-of-kansas-march-18-1968, 15 agosto 2022.

1. Desarrolla un plan para controlar gastos

1. Rey Salomón. Libro de los Proverbios, capítulo 21, versículo 5. Literatura Sapiensal. Siglo diez A. C. Paráfrasis del autor.

2. Katherine Shaeffer. *Pew Research Center.* Key Facts About Housing Affordability in the U.S. Publicado el 23 de marzo de 2022. https://www.pewresearch.org/fact-tank/2022/03/23/key-facts-about-housing-affordability-in-the-u-s/, 18 agosto 2022.

3. Cynthia Kersey, *Unstoppable* (Naperville, IL: Sourcebooks, Inc., 1998), pp. 139-43. (Publicado en español bajo el título *Imparable*).

4. Ibíd., aunque parece ser una famosa cita apócrifa.

2. Establece metas y límites económicos

1. Silas Shotwell, *Homemade,* septiembre 1987.

2. Thomas J. Stanley y William D. Danko, *El millonario de la puerta de al lado,* Ediciones Obelisco, 2015.

3. Ibíd., p. 1.

4 Ibíd., p. 2.

5. Ibíd., pp. 9, 10 y 12.

6. Ibíd., p. 36.

7. Ibíd., p. 28.

8. Ibíd., p. 27.

9. Emmie Martin. *4 unusual ways self-made billionaire IKEA founder Ingvar Kamprad insisted on saving money.* Publicado el 29 de enero de 2018 en la sección *Make It* de CNBC. https://www.cnbc.com/2018/01/29/money-habits-of-self-made-billionaire-ikea-founder-ingvar-kamprad.html, 18 agosto 2022.

3. Vive los Principios «P» hasta las últimas consecuencias

1. Kid-E-Cats español latino. Siguiendo instrucciones. https://www.youtube.com/watch?v=uSdwz5ejJQc, 8 septiembre 2022.

2. Matthew Lloyd Adams. *Herbert Hoover and the Organization of the American Relief Effort in Poland* (1919-1923). Publicado en el

European Journal of American Studies, otoño de 2009. https://journals.openedition.org/ejas/7627. Tomado 19 agosto 2022.

3. Edward W. Bok, *Perhaps I Am* (New York: C. Scribner´s Sons, 1928).

4. Aprende a compartir

1. Saulo de Tarso (San Pablo), Primera Carta a los Corintios, capítulo 13, versículo 3. Siglo uno A. D.

2. Dr. Guillermo Donamaría. Director, Christ Center, Chicago, IL, Estados Unidos de América.

3. World Vision Ecuador. Taomi tiene una increíble historia para ti. https://www.youtube.com/watch?v=xWemNLD6mKs, 27 septiembre 2022.

4. World Vision Ecuador. Voluntarios que cambian vidas. https://www.youtube.com/watch?v=oT1G08Ycg0M, 27 septiembre 2022.

5. CGMeetup. SOAR. https://www.youtube.com/watch?v=e-DkpVwrhYfo, 17 septiembre 2022.

5. Paga tus préstamos

1. *Federal Reserve Bank of New York. Center for Economic Data. Household Debt and Credit Report* (Q2 2022). https://www.newyorkfed.org/microeconomics/hhdc, 21 agosto 2022.

2. Rey Salomón. Libro de los Proverbios, capítulo 22, versículo 7. Literatura Sapiencial. Siglo diez A. C. Traducción y adaptación del autor.

3. Martha White. *Americans Are Getting Tons of New Credit Cards to Cope With Inflation.* Money.com. Publicado el 7 de julio

de 2022. https://money.com/new-credit-cards-during-inflation/, 20 agosto 2022.

4. Moisés (atribuido). Libro de Deuteronomio (heb., *Devarim*), capítulo 15, versículo 1. Quinto libro de la *Torá*, entre el siglo quince y el quinto A. C.

5. *Pros and Cons of 50 Year Mortgage Loans*. Mortgage 101. https://www.mortgage101.com/article/50-year-mortgage-loans/, 20 agosto 2022.

6. Jenn Jones. Publicado en lendingtree.com el 8 de marzo de 2022. https://www.lendingtree.com/auto/debt-statistics/, 19 agosto 2022.

TERCERA PARTE

Sabiduría popular

1. Leo Hickman, *Get the most from your car with these top 12 'hypermiling' tips*. Publicado en el sitio del diario *The Guardian* el 25 de marzo de 2011: https://www.theguardian.com/environment/green-living-blog/2011/mar/25/hypermiling-tips#:~:text=The%20Energy%20Saving%20Trust%20says,%2C%20and%20it's%20illegal%20too), 22 agosto 2022.

2. Ibíd.

3. Ibíd.

4. Home Depot, *How to Clean Copper*. Publicado en el sitio de la empresa. https://www.homedepot.com/c/ah/how-to-clean-copper/9ba683603be9fa5395fab900b9b7b92#:~:text=-Salt%2C%20vinegar%20and%20flour%20combine,shines%3B%20wash%20and%20dry%20thoroughly. 22 agosto 2022.

5. Taylos Murphy. *7 Natural Ways to Freshen Any Room*, 22 diciembre 2021 en la página de *Taste of Home.* https://www.tasteofhome.com/article/homemade-air-freshener/, 22 agosto 2022.

6. Sam Schipani. *What you Should Know about Cleaning with Hydrogen Peroxide.* Hello Homestead, 31 octubre 2019. https://hellohomestead.com/what-you-should-know-about-cleaning-with-hydrogen-peroxide/, 22 agosto 2022.

7. Melissa Locker, *Store Your Silverware With a Piece of Chalk To Prevent Tarnish.* Southern Living, 9 agosto 2022. https://www.southernliving.com/home/organization/how-to-prevent-silver-from-tarnishing, 22 agosto 2022.

8. Andra Picincu, *What Fruits Shouldn't Be Stored Next to Each Other?* LiveStrong.com, 30 diciembre 2019. https://www.livestrong.com/article/523091-what-fruits-shouldnt-be-stored-next-to-each-other/, 22 agosto 2022.

9. Martha White, *1 Totally Common Shopping Habit That's Wrecking Your Budget.* Publicado el 22 de junio de 2015 en el sitio de la revista *Time.* https://time.com/3929244/shopping-budget/. Consultado 22 agosto 2022.

10. Jonni McCoy, *Miserly Moms* (Elkton, MD: Full Quart Press, 1996), p. 63.

11. Mary Hunt, *Tiptionary* (Nashville: Broadman & Holman, 1997), pp. 125, 126.

12. Jonni McCoy, *Miserly,* p. 55.

13. Mary Hunt, *Tiptionary,* p. 291.

14. Howard L. Dayton, Jr. *Your Money: Frustration or Freedom?* (Wheaton, IL: Tyndale House, 1979), p. 52 [publicado en

español bajo el título *Su dinero, ¿frustración o libertad?* (Miami: Editorial Unilit, 1990)].

15. Erin Hurd, Lindsay Konsko, *Does Using a Credit Card Make You Spend More Money?* Nerdwallet, 27 julio 2020. https://www.nerdwallet.com/article/credit-cards/credit-cards-make-you-spend-more#:~:text=Another%20often%2Dcited%20study%20is,cash%20and%20non%2Dcash%20transactions. 22 agosto 2022.

Una nota personal de parte de Andrés

1. Cita tomada de *American Teilhard Association* y atribuida a Pierre Teilhard de Chardin, en *The Joy of Kindness*, de Robert J. Furey, 1993, p. 138; y en el libro de Stephen Covey, *The Seven Habits*, p. 47. Sin embargo, el autor no ha podido corroborar exactamente la fuente de la frase. http://teilharddechardin.org/index.php/teilhards-quotes.

Biografía del autor
ANDRÉS PANASIUK

Andrés Panasiuk es uno de los educadores financieros más reconocidos en los Estados Unidos y Latinoamérica. Es escritor de libros que han sido éxitos de ventas, conferencista internacional, maestro y comunicador social. Llega al mundo hispano-parlante a través de los medios de comunicación, redes sociales, libros, programas educativos en escuelas y universidades, y a través de iniciativas de alfabetización financiera alrededor del mundo.

Sus libros han sido recomendados por importantes figuras del liderazgo latinoamericano, traducidos a varios idiomas alrededor del mundo, utilizados por gobiernos para la capacitación financiera de sus colaboradores y nominados a diferentes premios internacionales.

Participa con su experiencia en los más destacados programas de radio y televisión tocando la vida de millones de personas en el mundo de habla hispana. Ha sido entrevistado por los más importantes medios internacionales de comunicación, como el programa «Despierta América» de la cadena Univisión, «Al Día» de CNN, el diario *Miami Herald*, la revista *Cosmopolitan* y muchos de los más conocidos diarios y revistas del continente.

Fue el administrador de una emisora de radio no-comercial en Chicago, miembro de una cadena con más de 400 emisoras afiliadas. Para el año 2006 fue seleccionado para ser el Vicepresidente Primero de la División Internacional de una organización de educación financiera con operaciones en 57 países, en cinco continentes.

Actualmente, el Dr. Panasiuk es el fundador de El Instituto para la Cultura Financiera, una de las organizaciones de enseñanza financiera más influyentes del continente latinoamericano. Junto a su equipo ha sido responsable de enseñar principios financieros a más de 21 millones de hispano-parlantes.

Andrés tiene una licenciatura en Comunicación Interpersonal y de Grupo. Ha recibido dos doctorados honorarios: uno en Divinidades, en la República de la India, y otro en Administración de Empresas, en la ciudad de Miami, EUA.

¿HAS LEÍDO ALGO BRILLANTE Y QUIERES CONTÁRSELO AL MUNDO?

Ayuda a otros lectores a encontrar este libro:

- Publica una reseña en nuestra página de Facebook @GrupoNelson

- Publica una foto en tu cuenta de redes sociales y comparte por qué te agradó.

- Manda un mensaje a un amigo a quien también le gustaría, o mejor, regálale una copia.

¡Déjanos una reseña si te gustó el libro! ¡Es una buena manera de ayudar a los autores y de mostrar tu aprecio!

Visítanos en **GrupoNelson.com** y síguenos en nuestras redes sociales.